생각의 노화를 멈춰라

생각이 젊어지는 생각 습관

"SHIKÔ NO RÔKA" WO DÔ FUSEGUKA
Copyright ⓒ 2011 by Hideki WADA
First published in Japan in 2011 by PHP Institute, Inc.

Korean translation rights arranged with PHP Institute, Inc.
through Japan Foreign-Rights Centre/Shinwon Agency Co.
Korean translation rights ⓒ 2013 by HAPPINESS FORUM.

이 책의 한국어판 저작권은 PHP와 독점계약한 행복포럼에 있습니다.
저작권법에 의하여 한국 내에서 보호를 받는 저작물이므로 무단전재와
무단복제를 금합니다.

생각의 노화를
멈 춰 라

생각이 젊어지는 생각 습관

행복
포럼

머리글

나는 지금까지 여러 가지 주제의 책들을 써 왔지만, 스스로는 본업을 노년 정신의학에 종사하는 정신과 의사라고 생각한다.

물론 나는 평소 여러 종류의 정신병, 뇌질환(치매 포함)으로 고생하는 고령자들을 자주 접한다. 그러한 일을 통한 경험, 그리고 내 나이가 50세를 넘었다는 사실로 인해, 노화 예방이 나의 최근 관심사가 되었다.

이런 참에 내 전작前作 〈참으면 늙는다〉가 베스트셀러가 돼 많은 도움이 되었다. 하지만 이 책이 전작의 연장선상에 있다고는 생각지 않는다. 말할 필요가 없을 정도로 생각의 노화 예방-특히 이 책에서 문제 삼는 전두엽의 노화 예방-은 중요한 주제이다.

이 책은 더 나아가 뇌의 '부드러운 부위'의 노화 역시 생각해볼 것이다. 그리고 나의 다른 중요 관심사이기도 한 공부법이나 능력 계발 노하우를 가미해 생각의 노화 예방-다시 말해 생각법이 늙지 않기 위한 방법-을 다루고자 한다.

이 책에서 말하는 생각의 노화란 세 가지 측면에서 보통 사람이 생각하는 노화, 혹은 노화 예방과는 다른 의미를 지닌다.

첫째, 노화라는 단어를 사용하였지만 이것은 고령자에게 국한된 문제가 아니다. 빠르면 20대부터 그런 노화 상태에 빠질 수 있다. 나아가 태어날 당시의 상황, 받아온 교육이나 주위 환경, 자신의 욕망 등에 의해 날 때부터 계속 '생각 노인'인 사람마저 존재하기 때문이다.

이 책에서 제시하는 생각의 노화 예방은 단순한 노화 예방이 아니다. '뇌의 전두엽 기능을 단련시키자'는 발상이기 때문에 중장년이든 젊은이든 나이에 관계없이 많은 사람들에게 도움이 될 만한 정보이다. 나아가 전두엽 기능은 나이를 먹어도 뇌의 사용법에 따라 얼마든지 단련할 수 있다.

둘째, 사업이나 사회생활에서 상사로부터 지시받은 일을 처리할 때에나, 매뉴얼대로 무언가를 할 때에는 전두엽을 거의 사용하지 않는다. 그로 인해 생각의 노화가 발생한다 해도 일처리는 문제없이 할 수 있다.

하지만 경영이나 기획처럼 리더십을 발휘해야 하는 경우나, 실수 같은 뜻밖의 상황에 대응해야 하는 경우에는 그 사람의 전두엽 기능이 크게 요구된다. 전두엽 기능이 원활할수록 판단력이나,

시대의 흐름에 따라 유연하게 대처할 수 있는 능력이 커지기 때문이다.

다시 말해 나이가 들면서 사회적 지위가 높아질수록, 더욱 고도의 전두엽 기능이 요구된다. 그럼에도 실제로는 이와 반대로 전두엽의 노화가 진행된다. 직업인생 측면에서 보면, 나이가 들수록 이에 대한 대책이 반드시 필요하다.

셋째, 공업화사회가 끝나고, 앞으로는 지식사회가 본격적으로 도래할 것이다. 이에 따라 더 이상 매뉴얼대로 일을 처리하는 방식은 통용되지 않는다.

기업의 인사도 이런 추세에 따라 판단이 엄격해지고 있다. 중장년 중에서 창의성이나 문제 발견 능력 등을 발휘하지 못하는, 전두엽 기능이 저조한 사람은 해고 후보 제1순위에 오를 수밖에 없다.

이 같은 이유를 통해 알 수 있는 것처럼, 지금까지 우리가 살아온 시대보다 앞으로 살아갈 시대는 전두엽 기능을 더 활성화하고, 생각을 더 젊게 유지하는 것이 필수가 되고 있다. 이런 절박감에서 나는 이 책을 세상에 내놓기로 했다.

또한 생각을 젊게 유지할 수 있으면, 단순히 직업인생뿐 아니라 퇴직 후의 인생에도 즐거움이 많아질 것이며, 우울증 예방과 같은 정신 건강에도 큰 효과가 있다.

한편 전두엽의 기능 저하에는 '질병 의식'의 결여(자신이 늙고 있다거나 질환을 가지고 있다고 여기지 않는 것)라는 골치 아픈 문제가 도

사리고 있다. 따라서 스스로 인식하기 위해 노력하지 않으면, 전두엽의 노화를 알아차리지 못한 채 그대로 생각이 점점 늙어버릴 것이다.

그러한 생각의 노화에 관한 자각을 촉진하는 데 이 책이 조금이라도 도움이 된다면, 저자로서는 무한한 영광이다. 나 자신도 이 책을 저술하면서 내 전두엽 상태가 과연 어떤가에 관해 자아성찰의 계기를 갖게 되었다.

어쨌든 생각의 노화란 개개인은 물론이고 사회 전체가 예방해야 하는 심각한 노화의 일종이라는 사실을 알아주었으면 한다.

지은이 와다 히데키 和田秀樹

목 차

머리글 /4

 서문
왜 지금 생각의 노화가 문제인가?

지식사회에서 중요한 전두엽은 가장 빨리 늙는다 /16
생각의 노화는 지식사회에서 치명적인 결함이다 /19
거의 다 밝혀진 뇌의 부위와 기능의 관계 /21
전두엽 기능은 IQ로 측정할 수 없다 /24
살아남는 것은 새 가치를 창조하는 비즈니스뿐이다 /27
전두엽의 젊음은 개인차가 상당히 크다 /30
노벨상 수상자는 가설을 세운 사람들 /32
창의적인 사람은 평생 창의적이다 /36

제1장
생각의 노화를 가속화하는 전두엽의 노화

40대 현역 시절부터 전두엽은 노화하기 시작한다 /40
생각의 노화를 막는 전두엽의 3가지 핵심 기능 /43
성공 체험에 사로잡히면 생각이 경직된다 /45
생각의 전환 능력이 저하된다 /48
유권자의 2/3 이상은 전두엽이 노화되었다? /50
'전두엽 노화 세대'가 돈을 쥐고 있는 일본 /53
뇌의 동맥경화가 생각의 노화를 가속화한다 /56
중년 우울증을 부르는 뇌 세로토닌 부족 /58
생각의 노화를 촉진하는 남성 갱년기 /60
젊은 층에서도 발생하는 생각의 노화 /63
젊을 때 전두엽만 단련하면 나쁜 점이 많다? /66
생각이 늙은 젊은이들 /69
40대부터도 전두엽 발달을 기대할 수 있다 /71
인간과 동물을 구별 짓는 전두엽 /74

제2장
생각의 노화, 그 전형적 증상은?

전례 답습은 생각 노화의 전형적 증상 /78
동일본 대지진 대응과 일본인의 생각 노화 /80
전두엽 기능을 손상시키는 TV적 가치관 /83
생각이 타인과 같아야 안심하는 사람들 /85
노년의 추한 모습…전두측두형 치매 /87
〈리어왕〉의 비극은 전두측두형 치매가 원인? /90
완고해진 자신을 자각하라 /92
단정 지어야만 성이 차는 인지 퇴행 /95
젊은 사람들도 빠지는 경험칙의 함정 /98
영화 촬영과 '단정 짓기' 탈출 /100
공무원은 책임자에 의해 단번에 바뀐다 /102
주체할 수 없는 호기심을 유지하라 /104
스키마…도식적 생각을 하다 /107
바이어스…추상적 개념에 의한 편견과 단정 /109
자동사고…반사적인 확신 /111
자살은 '단정 짓는' 생각의 종착점 /113
'그랬구나!' 생각의 위험성 /115
나이를 핑계 대지 마라 /117

제3장
생각의 노화, 지금부터라도 극복할 수 있다

변화를 즐기는 일상생활에 유념하라 /122

불평보다 대책을 생각하라 /125

욕망에 충실한 생활이 중요하다 /128

비평 습관은 최고의 생각 트레이닝 /131

양자택일 논의나 한 가지 답에 만족하지 마라 /134

자신의 스키마를 의식하고 다른 방법을 생각하라 /136

생각의 폭을 단번에 넓히는 '그럴지도 몰라' /139

자기 주장과 반대되는 '짜증나는' 책을 읽어라 /141

사소한 것이라도 취미를 가져라 /143

전두엽에 '바로가기'를 만들지 마라 /145

궁금하면 인터넷 검색을 하는 습관을 가져라 /147

최신 미디어도 일단 사용해보라 /149

중년 이후 공부는 '입력 비율' 낮추기에 달렸다 /151

속인사고·권위주의를 경계하라 /153

아이디어나 가설이 더 가치 있는 생각 /156

대학교육이 전두엽을 망가뜨린다? /158

정설, 상식, 전통을 의심하는 버릇을 가져라 /160

 제4장
인생에 큰 차이를 만드는 전두엽 생각

매력적인 새 발상은 전두엽 생각이 만든다 /166

속박 없이 삶을 편하게 하는 전두엽 생각 /168

나이 들수록 기존 가치관에서 벗어나라 /172

시대와 상황이 바뀌면 '변절'하라 /174

'지금까지 어떻게 했나'보다 '지금부터 어떻게 할까' /178

'생각하는 힘'보다 중요한 '행동에 옮기는 힘' /180

같은 소자본도 실행력에 따라 큰 차이를 낳는다 /183

'실패할지도 몰라'가 전두엽을 강하게 자극한다 /185

작은 실패를 거듭하며 계속 도전하라 /188

전두엽 생각은 '이성적인 도박꾼' 이미지 /192

제5장
전두엽을 활성화하는 뇌에 좋은 습관

뇌가 잘 작동하는 조건을 갖추어야 한다 /196
먼저 우울증과 남성갱년기 예방을 의식하라 /199
실패할 가능성이 없으면 실험이 아니다 /201
나이가 들수록 자신의 호기심에 정직해져라 /204
세상을 다 아는 양 착각해 극단론을 배제하지 마라 /206
강한 자극이 아니면 감정 변화를 유발하기 힘들다 /209
뇌 훈련은 전두엽의 혈류량을 증가시킨다 /212
공황상태와 전두엽 질식에서 벗어나는 법 /214
인내·절제하면 전두엽의 움직임이 나빠진다 /216
형식에 얽매이지 않는 자유로운 것을 배우라 /217
나이 들수록 '결과를 알 수 없는' 취미를 가져라 /220
인간관계는 전두엽에 최고의 자극제 /222

저자 후기 /225

서문

왜 지금 생각의 노화가 문제인가?

서문 왜 지금 생각의 노화가 문제인가?

지식사회에서
중요한 전두엽은 가장 빨리 늙는다

　최근 피터 드러커의 〈매니지먼트〉를 다른 책으로 오인해 사서 읽은 고등학교 야구부 여자 매니저가 야구부원들과 함께 고시엔(역주: 일본 고교 야구 리그)에 도전한다는 줄거리의 책이 베스트셀러가 되었으며 또한 애니메이션으로 만들어졌다. 그렇기 때문만은 아니겠지만, 피터 드러커의 인기는 식을 줄을 모른다.
　잘 아는 것처럼 드러커는 경영학의 대가이며, 냉전 종결이나 고령화사회의 도래를 가장 먼저 주창한 인물이다. 또한 가까운 미래에 있을 비즈니스 사회의 근본적인 변화를 종래의 공업화사회로부터 지식사회로의 전환이라고 지적한 것도 그이다.
　지식사회라는 용어 자체가 쉽게 정의 내리기 힘든 애매한 측면이 있지만, 한 가지 확실한 것은 부富를 창출하는 방법이 공업화사회와는 다르다는 점이다. 구체적으로 말하면, 공업화사회는 '내일까지 이것을 100개 만들어라'든가 '제품을 전달 대비 20% 늘려라'는 상부의 지시를 얼마나 달성하는가가 중요하였다.

혹은 다른 메이커가 개발한 인기 상품을 흉내 내어, 조금이라도 싼 가격에 만들어내는 기술이 비즈니스로서 인정받았다. 나아가 미국에서 유행하는 물건을 누구보다 빨리 일본에 가지고 들어오는 것이 부를 창출하는 방법이었다.

물론 일본인의 입맛에 맞게 변화시키거나, 원가 절감을 위해 노력하거나, 내구성을 강화하거나, 나아가 더 편리한 기능을 추가하는 등 최대한의 노력을 기울였다. 하지만 목표나 견본이 있었고 다른 사람의 지시나 명령을 따르기만 하면 성공한 비즈니스라고 불리는 사회, 그것이 공업화사회였다.

지금 중국, 인도 등 신흥국이 그 단계에 있는 것은 누가 봐도 분명하다. 1990년대부터 시작된 일본의 경제침체는 드러커가 제창한 지식사회로의 전환을 일본이 제대로 할 수 없었기 때문임을 많은 사람들이 이해하고 있다.

한편 공업화사회와 지식사회는 원하는 인재의 타입이 전혀 다르다.

대량생산을 전제로 하는 공업화사회에서는 실수가 적고 빠르며, 명령에 복종하는 인간이 필요하였다. 반면 지식사회가 요구하는 인재는 지금까지는 없었던 것을 만들어내는 능력이기 때문에, 하나부터 열까지 창의성을 중요하게 여긴다.

또한 이전에는 '문제 해결형' 생각을 높이 평가하였지만, 지금처럼 물건이 잘 팔리지 않는 시대가 된 이후는 '문제 발견형' 생각을 높이 평가한다. 그렇기 때문에 지금은 호기심이 필수 요소가 되었다. 다시 말해 공업화사회와 지식사회는 두뇌를 사용하는 방법 자체가 다른 것이다.

여기서 내가 지적하고자 하는 것은 구체적으로 '뇌를 사용하는 부위' 자체가 다르다는 점이다.

결론부터 말하자면 지식사회에서는 '전두엽' 사용이 매우 중요하다. 이런 사실을 알지 못한 채 기존 방식대로 아무리 노력해도 생각처럼 좋은 결과를 얻을 수 없다. 심신의 부담만 커질 뿐 창의성도, 호기심도, 문제 발견형 생각 방식도 발전시킬 수 없다.

그런데 중요한 사실은, 지식사회에 중요한 전두엽은 뇌의 성장 과정에서 보면 가장 늦게 성숙하면서 가장 빨리 노화하는 부위라는 것이다.

생각의 노화는
지식사회에서 치명적인 결함이다

'나도 꽤 머리가 굳었어. 최근에는 일을 제대로 이해하지 못하겠어. 앞으로 정년퇴직까지 5년 정도 남았으니 그때까지만 버티자.' 이러한 생각을 가지고 있다면 갈수록 경쟁이 치열해지는 비즈니스의 세계에서 바로 퇴출될 수밖에 없는 것이 요즘 실정이다.

'중장년 화이트칼라는 생산성이 낮다' '쓸데없이 인원만 너무 많아' 등의 이유로 눈 깜짝할 사이에 해고당할 수 있는 요즘 상황은 독자들이 더 잘 알고 있을 것이다.

자신의 전두엽을 능동적으로 변환시키기 위한 노력은 현 시대에서 살아남기 위한 필수 요소라고 할 수 있다. 불과 몇 년 전만 하더라도 전두엽을 사용하지 않아도 '그럭저럭 일을 할 줄 아는 사람'이라는 평가를 받았다. 하지만 지금은 양상이 전혀 다르다는 사실에 유의할 필요가 있다.

최근 나는 노화 예방과 관련한 책을 몇 권 썼다. 하지만 이 책을 통해 더 적극적으로 생각의 노화 예방을 호소하고자 한다. 거듭 강조하지만 "이대로 나이를 먹어도 괜찮은가?"라며 걱정하는 중장년층에게 생각, 다시 말해 전두엽의 노화는 사회적 생명을 점점 위협하기 때문이다.

실제로 전두엽의 노화로 인해 회사에서 소외·좌천당하거나, 퇴직을 강요당하는 일까지 벌어지기도 한다. 이런 일로 인한 극심한 스트레스는 우울증의 원인이 되며, 심한 경우 생명까지 위태롭게 한다.

미국의 조사에 따르면 미국인 자살의 70~80%가 우울증 관련 질환이 원인이다. 연간 약 3만 명 이상이 자살하는 일본(역주: 한국은 연간 약 1만5,000명) 역시 전두엽의 노화로 시작된 불행의 연쇄작용을 간과하기 힘든 실정이다.

이는 중·노년층에 국한된 문제가 아니다. 20·30대라도 지금까지 전두엽을 단련하지 않았거나, 전두엽을 사용하는 일에 종사하지 않은 사람이라면 생각이 노화해 결국 '남들이 하는 일 이외의 일은 못 한다' '창의적인 발상을 하지 못한다'는 낙인이 찍히게 된다. 실제로 이러한 젊은이들이 급증하는 추세이다.

따라서 지식사회에서 살아남기 위해, 전두엽을 활성화하고 적극적으로 생각의 노화를 멀리하는 두뇌 사용법(생각법)에 관해 지금부터 설명하고자 한다.

거의 다 밝혀진
뇌의 부위와 기능의 관계

 모든 생물 중에 가장 고도로 발달한 인간의 대뇌도 이제는 어느 부위가 어떤 기능을 가지고 있는가에 대한 신비가 많이 밝혀졌다.

 현재는 CT(컴퓨터 단층촬영) 스캔이나 MRI(자기공명영상)에 의해, 어디에 뇌경색이 일어나면 어떤 증상이 나타나는지, 혹은 어느 부위에 뇌종양이나 상처가 생기면 어떤 영향을 받는지까지 상당히 정밀한 진단이 가능해졌다.

 또한 지금 같은 의료기기가 없었던 19세기 말에도 뇌의 손상 부위에 따라 각기 다른 유형의 실어증이 생긴다는 사실까지 알고 있었다.

 〈그림〉을 통해 알 수 있는 것처럼 대뇌는 전두엽, 두정엽, 측

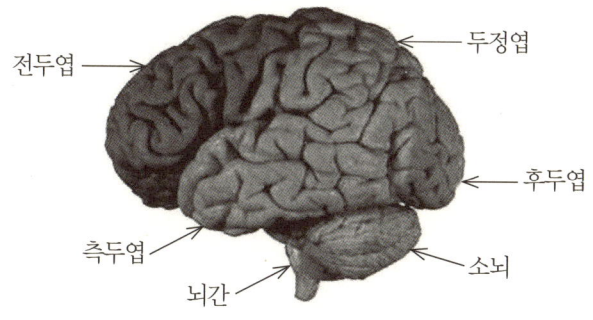

두엽, 후두엽 이렇게 네 영역으로 나눌 수 있다. 나아가 뇌는 가운데를 중심으로 좌우 반구 모양으로 나눠져 있으며, 오른쪽 뇌는 왼쪽 몸, 왼쪽 뇌는 오른쪽 몸의 운동과 감각을 조종한다.

하지만 언어 기능의 중추적 역할은 왼쪽 뇌의 전두엽과 측두엽이 관장한다. 그것은 전두엽의 브로카 영역과 측두엽의 베르니케 영역인데, 뇌경색 등으로 어느 한쪽이 손상되면, 손상 부위에 따라 전혀 다른 증상의 실어증이 나타난다고 알려져 있다.

전두엽의 손상에 의한 브로카 실어증(운동성 실어증)은 상대방의 말은 알아듣지만 자신이 하고 싶은 말을 전달하지 못하는 상태가 된다. 반면 측두엽 손상에 의한 베르니케 실어증(감각성 실어증)은 말은 할 수 있지만 상대방이 하는 말을 이해하지 못하는 상태가 된다.

예를 들어 정치가가 베르니케 실어증에 걸리면 "지진 대책 비용에 대해 어떻게 생각하십니까? 국채를 사용해야 할까요? 세금을 사용해야 할까요?"라는 질문에 "요즘 나오는 라면들은 참 맛있군." 같은 대답을 하게 된다. 지능이 떨어지거나 치매에 걸린 것은 아니지만, 전혀 이해할 수 없는 말실수를 하거나 의미를 알 수 없는 발언이 급증하게 되는 것이다.

여담이지만 일반적으로 실어증에 관한 오해가 많은 것 같다. 나는 일전에 〈겨울 벚꽃〉이라는 TV드라마를 보았다.

이마이 미키가 연기하는 여주인공이 뇌종양에 걸려 의사로부터 "이제 곧 실어증에 걸리게 됩니다."라는 선고를 받았다. 그리고 그녀가 실어증에 걸린 후 주인공인 구사나기 쓰요시와 글을 통해 의사소통을 하는 장면이 연출되었다.

하지만 이런 장면은 어처구니없을 정도로 실어증을 잘못 표현한 것이다. 실제로 이런 일은 있을 수 없다. 언어 정보 자체가 좌뇌 측두엽에서 처리되기 때문에 뇌종양에 의해 그곳이 손상되면, (그림을 그린다면 의사 전달의 가능성이 어느 정도 있을 수 있겠지만) 문자를 통해서도 의사 전달이 가능한 상황은 아니다.

말은 알아듣지 못하면서 필담으로는 의사소통이 가능하다면 실어증이 아닌 난청에 불과할 것이다. 실제로 어느 정도 교육을 받은 난청자와의 의사소통은 수화보다 필담을 통해 더 자연스럽게 이루어지곤 한다.

그건 그렇다 하더라도 이런 '거짓말'을 아무렇지 않게 방송에 내보내는 것이 일본 드라마의 수준일까. 이런 암담한 현실에 나는 혀를 내두를 수밖에 없었다.

후두엽에는 시각 정보를 처리하는 중추신경이 존재한다. 예를 들면 오른쪽 후두엽에 뇌경색이 생기면 눈에 이상은 없지만 시야의 왼쪽 절반이 보이지 않는, 반맹半盲이라고 불리는 상태가 된다.

그밖에도 후두엽에 발생한 뇌경색이나 뇌종양이 원인이 되어, 물체가 보이기는 하지만 그것이 무엇을 의미하는지 이해하지 못하는 상태가 생기는 경우도 있다.

또 두정엽이라는 곳은 공간 구성이나 숫자에 관한 조작 등을 담당한다. 그러므로 두정엽 기능이 약화되면 간단한 길도 잘 찾지 못하거나, 퍼즐과 계산을 못하게 된다.

전두엽 기능은
IQ로 측정할 수 없다

　그러면 이 책의 주된 관심사이기도 한 전두엽의 기능은 과연 무엇인가?
　실은 전두엽 자체는 인간뿐 아니라 고양이나 원숭이에게도 있다. 다시 말해 대뇌 신피질을 가진 모든 고등 포유류에게는 전두엽이 있다. 그 중에서 전두엽이 유별나게 큰 포유류가 바로 인간인 것이다.
　그 사실로부터 지적 능력을 담당하는 부분이 전두엽이라고 생각했던 시대도 있었다. 하지만 사고나 뇌종양과 같은 질병으로 전두엽에 큰 손상을 입어도, 지능 자체는 거의 영향을 받지 않는다는 사실이 밝혀졌다. 적어도 IQ(지능지수)에는 큰 변화가 없어 보였다.
　그 대신 의욕이나 창조력이 저하되고, 사물의 순서를 생각하여 행동하는 지적 활동이 불가능해졌다. 나아가 감정의 조절도 어려워졌다. 자발성이 결여되거나 충동적으로 변하는 등 감정 통제가 불가능해졌다.

의학 역사상 실패 사례로 유명한 로보토미lobotomy 수술을 통해 얻은 지식도 컸다.

그 수술은 60~70년 전에 쉽게 흥분하는 정신병 환자를 대상으로 행해졌다. 두개골에 작은 구멍을 뚫은 뒤 그곳으로 메스와 같은 수술 도구를 꽂아 넣어 전두전야前頭前野에 해당하는 부위를 뇌의 다른 부위들로부터 분리하는 수술이었다.

이 수술을 하면 환자는 백이면 백 얌전해졌다. 하지만 매사에 무기력해지고 무관심하며, 깊은 이해력과 계획성 등의 결핍으로 인해, 충동적으로 변하거나 감정 억제가 불가능해지는 등 큰 부작용이 발생했다.

단적으로 말해 인간다운 감정이나 지성을 잃게 된 것이다. 이런 의학적 희생을 통해 지금은 전두엽이 '고차원적 지적 능력의 중추'라는 것을 명백히 알게 되었다.

또 지능의 작용을 알아보기 위해 치러진 유명한 실험으로 WAIS(웩슬러 성인 지능검사)라는 지능검사가 있다. IQ를 측정하기 위해 일반적으로 시행되는 검사로, 크게 언어성 IQ와 동작성 IQ를 측정하는 문제로 구성되어 있다.

언어성 IQ는 어휘나 단어 이해력, 간단한 계산문제, 이해력 등을 묻는 문제이며 주로 측두엽의 기능을 측정한다. 동작성 IQ는 그림 완성, 블록 쌓기, 조립식 퍼즐과 같은 시험이며 주로 두정엽의 기능을 측정한다.

　이 사실을 통해 알 수 있는 것처럼 전두엽의 기능은 IQ 테스트로는 측정할 수 없다. WAIS로 측정한 IQ는 정답을 찾는 '집중 사고' 능력이지만, 전두엽의 활동은 정답이 여러 개씩 존재하는 문제를 풀 때 발휘되는 '확산 사고' 능력이기 때문이다.

　예를 들면 '명함의 사용 방법을 모두 말하시오'라는 문제는 전두엽 장애가 있는 사람은 풀지 못한다. 장애까지는 아니더라도 전두엽이 노화한 사람은 이런 유형의 문제를 잘 풀지 못한다.

　그러므로 요즘 인기 기업들은 '확산 사고' 능력 평가를 위해 실제로 '차세대 신칸센 이름을 일본어로 10개 생각해두세요'라든가 '장소를 바꾸면 재미있을 법한 스포츠는?' 등의 채용 문제를 출제하기도 한다.

　기업이 정답 없는 질문을 통해 알고자 하는 것은 IQ와는 전혀 다른 능력, 다시 말해 전두엽의 능동성이다.

살아남는 것은
새 가치를 창조하는 비즈니스뿐이다

과거 공업화사회에서는 IQ가 높은 사람이 존중받았고, 학업성적이 우수한 사람, 이른바 일류대학을 나온 사람이 위세를 부렸다.

기본적으로 전례前例 답습형 사회였기 때문에 눈앞의 문제를 적확히 해결할 것이 요구되었으며, 전적으로 두정엽과 측두엽의 사용을 강요해 왔다. 다시 말해 공장 노동자도 사회인도 관료도 혹은 저자와 같은 의사나 학자도 전두엽 사용과는 관계없이 성공한 사람 반열에 들 수 있었다.

그런데 지식사회라는 것은 드러커가 강조했던 것처럼 '지知'에 의해 가치와 부富를 창출하는 사회이다.

이런 사회에서 살아남을 수 있는 것은 새로운 가치를 창조하는 비즈니스뿐이다. '기존 제품이 개량을 거치거나 더욱 싸졌다'는 것이 아니라 '지금까지 존재하지 않았던 물건이나 서비스' '이런 기능을 원했어'라는 소비자의 목소리를 중시한다.

일본은 이미 생활에 필요한 물건들을 대부분 집에 구비하고 있다. 그러므로 그 이상으로 소비자가 원할 만한 것은 지금까지 없었던 획기적인 것이다. 바로 이 점이 생활필수품이 아직 널리 보급되지 않은 나라와 다르다.

일반 가정에 냉장고나 전자레인지가 없다거나 자동차가 없는 나라라면, 전두엽이 별로 발달하지 않은 사람도 상품을 충분히 팔 수 있을 것이다.

예를 들면 인구가 13억인 중국의 경우 아직도 전자 제품, 자동차가 팔리고 있기 때문에 특별히 창의성을 요구할 필요는 없다. 인기 상품의 모방품을 내놓기만 해도 부자가 될 수 있기 때문이다.

하지만 일본처럼 국민 대부분이 원하는 제품을 어느 정도 가지고 있으며, 게다가 인구 감소 사회로 접어들고 있다면, 전두엽이 어느 정도 발달하지 않으면 비즈니스의 성공은 불가능에 가깝다. 주어진 과제를 수행하는 것, 과거의 성공 체험을 근거로 그럴듯한 매뉴얼을 만들어 전철을 밟는 행위는 통하지 않는다.

그런 상징이라고 할 수 있는 것이 동일본 대지진(역주: 2011년 3월 11일 발생)에 의한 원전原電 사고 대응이었다. 평상시라면 전력회사는 매뉴얼대로 일을 처리해도 전혀 문제가 없었을 것이다. 전력회사 사원은 "공무원보다 더 공무원스럽다."라는 야유를 받을 정도로, 전두엽을 사용하여 새로운 무언가를 할 필요가 없었던 것이다.

그런데 지난번과 같은 중대 사고로 인해 전례 없는 위기 상황이나, 한 치 앞을 예측할 수 없는 상황과 맞닥뜨리게 되면, 발상의 전환을 꾀하지 않는 이상 사태를 수습할 수 없다. 그렇게 되면 전두엽을 최대한 사용해야만 한다.

지금까지의 물건이나 서비스로는 장사가 불가능해진 요즘 세상은 확실히 '전례가 없는, 앞을 예측할 수 없는' 시대이다.

'나는 임원이니까 창의력을 필요로 하는 부분은 젊은 사람이나 전문가에게 맡기면 된다'는 중장년도 있겠지만, 창의력을 이해하지 못하는 상사가 회사에서 쫓겨나는 일은 시간문제일 뿐이다. 현대 비즈니스사회에서는 창의력이나 독창성 같은 능력을 당연시하기 때문이다.

내가 '전두엽형 인간'의 전형이라고 생각하는 사람은 애플 창업자 스티브 잡스이다. 아이폰이나 아이패드를 세상에 내놓고, 그런 혁신적인 기기를 사용해 전 세계 사람들이 열망할만한 라이프스타일을 제시한 사람이 그이기 때문이다.

독창적 컴퓨터인 매킨토시를 탄생시킨 것도 그이지만, IT 지식 자체는 마이크로소프트의 빌 게이츠나 페이스북으로 주목을 끈 마크 주커버그보다 훨씬 부족했다고 한다. 하지만 그는 멋스러운 것, 세상을 바꾸는 새로운 것을 탄생시킬 수 있는 타입의 인간이었다. 그런 사람이 앞으로 지식사회의 비즈니스 리더가 될 것이다.

전두엽의 젊음은
개인차가 상당히 크다

　그런데 전두엽은 나이가 듦에 따라 크게든 작게든 크기가 줄어들고, 기능도 저하한다. 더 자세한 내용은 제1장에서 다루겠지만, 중장년이 되어 참신한 발상이 떠오르지 않게 되거나, 모험을 하고 싶지 않게 변하는 주원인은 전두엽의 기능 저하라고 생각되고 있다.

　그리고 나이가 들수록 개인차가 커지는 것이 인간이다. 초등학교 1학년 때에는 학력의 극단적인 차이는 없지만, 6학년이 되면 꽤나 큰 차이가 벌어진다. (그렇다고 해도 대학생 수준의 지능을 가진 아이는 일본 전체를 통틀어도 거의 없을 것이다.)

　나아가 80대가 되면, 100명 중 5명 꼴로 대학생과 비슷한 수준의 지식을 유지하는 사람들이 있다. 하지만 동일한 비율로, 심한 치매로 인해 일상 회화조차 불가능한 사람들도 있다.

　전두엽 기능은 젊은 상태를 유지해온 사람과 그렇지 않은 사람 간의 차이가 상당히 크다. 40대임에도 전두엽이 상당히 노화한 사람이 있는가 하면, 60·70대에도 젊은 전두엽을 유지하는 사람이 실제로 존재한다.

　예를 들면 장기간 닌텐도사 사장이었다가 75세에 은퇴한 야마우치 히로시씨는 계속 전두엽을 활발히 사용한 경영자였다. 화투나 카드 게임으로 딴 돈을 사용해 새로운 완구를 차례로 개발해내었다.

지금 50대인 사람은 기억할 것이다. 앞부분이 늘어났다 줄어들었다 하면서 물건을 잡는 '울트라 핸드'나 감지기가 부착된 표적을 향해 쏘는 '광선총 SP' 등은 나의 초등학생 시절에 엄청난 인기를 끌었던 상품이다. 야마우치씨는 광선총 SP의 대 히트를 통해 전자공학 기술을 응용한 오락에 닌텐도의 장래가 걸려 있다고 확신했다.

그런 야마우치씨 덕분에 '패밀리 컴퓨터(패미콘)'와 '게임보이'가 탄생했다. 일련의 상품 개발은 그와 마찬가지로 전두엽이 상당히 발달했을 요코이 군페씨가 담당했다. 하지만 패미콘의 개발은 야마우치씨가 56세에, 게임보이는 61세에 스스로 개발한 상품이다.

세계를 완전히 바꿔버릴 완구를 세상에 내놓은 것 역시 창조적인 결단이 가능했기 때문이다.

호적상 나이가 젊기 때문에 발상이 참신하다거나, 나이가 들었기 때문에 생각이 진부하다는 문제는 전혀 없다. '전두엽이 젊은 사람'이 지금의 지식사회에서 성공을 거둘 수 있는 사람이다.

노벨상 수상자는
가설을 세운 사람들

　일반적으로 'IQ가 높다'를 '머리가 좋다'라는 뜻으로 받아들이는 사람이 많지만, 앞서 언급한 것처럼 IQ란 대체로 측두엽이나 두정엽의 기능을 측정하기 위한 방법에 불과하다.
　그리고 IQ가 높다고 해서 창조력과 의욕, 새로운 세계를 구축해나갈 힘이 있다고 단정 지을 수는 없다. 그러한 능력은 전두엽이 담당하고 있기 때문이다.
　그러면 '결국 머리가 좋다는 것은 대체 무엇을 말하는 거지?' 하는 의문이 생긴다.
　최근에 TV를 보면 퀴즈 프로가 많이 늘어난 것을 알 수 있다. 교토대를 나온 개그맨, 도쿄대를 졸업한 탤런트 등 고학력 연예인들에서부터 여러 분야의 '잡학왕'들까지 출연해 지식을 자랑한다. 그리고 그런 사람들이 정답을 맞히면 "대단하다! 머리가 참 좋네!"라며 시청자들은 감탄한다.
　하지만, 이런 일문일답 형식의 퀴즈는 기억이나 단순한 계산의 정확성만을 시험하는 문제이며, 아쉽게도 전두엽을 전혀 사용하지 않아도 상관없는 종류의 문제이다. 기억한 지식을 가공조차 하지 않은 상태로 그저 머리에서 꺼내는 경우가 많기 때문에 아무리 머리가 좋은 사람이라고 해도, 컴퓨터를 상대로 이기지 못할 종류의 지식을 뽐내는 것일 뿐이다.

　이것을 "머리가 좋다!"라고 말해도 되는지 정말 의심스럽다. "TV에서 본질적인 지성知性을 원하는 생각 자체가 틀렸다."라고 말하는 사람도 있겠지만, '머리를 사용하는 방법을 오해하면 바보가 될 수밖에 없다'는 위험성을 알 필요가 있다.

　또 지知에 대해 근본적인 착각을 하고 있는 곳이 바로 일본의 대학들이다.

　저자는 도호쿠대에서 그해 박사 학위 논문을 제출한 120명 중에서 혼자 낙제점을 받는 경험을 했다. '통계처리를 하지 않았기 때문에 논문이 아닌 논설에 불과하다'는 것이 낙제 이유였다. 그런데 그 논문을 자아심리학 국제 연감에 투고했더니 일본인으로서는 처음으로 연감에 게재되었다.

　일본은 기본적으로 희귀한 가설을 세우는 것보다, 제대로 검증된 내용인가 하는 측면을 더 중시한다. 그러므로 기존에 통용되는 사실을 약간 개량한 논문이 더 인정받는 이상한 전통이 있다. 야구에 비유하면 치기 쉬운 공을 이론대로 잘 치는 것을, 어려운 공을 특이한 타법으로 치는 것보다 높게 평가하는 것이다.

　일본에서 중시하는 사람은 가설을 확립하거나 새로운 아이디어를 고안하는 사람이 아니라, 가설을 검증하거나 아이디어를 제품화하는 사람인 것이다. 서양이 모든 면에서 우리보다 뛰어나다고는 생각지 않는다. 하지만 일본은 자국의 특수한 규칙에 얽매여 시대에 뒤처지고 있는 것이 사실이다.

그 전형적인 예가 바로 노벨상이다. 가설을 증명하기만 하여 노벨상을 탄 예는 극히 드물며, 가설 확립이 더 높게 평가받는다.

1949년 일본인 최초의 노벨 물리학상을 수상한 유카와 히데키씨도 중간자의 존재를 이론적으로 예언한 것이 수상 이유였으며, 그것을 발견하거나 증명하지는 않았다. 2008년 노벨 물리학상 수상자인 고바야시 마코토·마스와카 도시히데씨의 업적도 쿼크가 6종류라는 가정을 통해 'CP대칭성 깨짐'이라는 현상을 증명했다는 것이다.

물론 가설이 증명되지 못하면 노벨상을 받을 수 없다. 하지만 가설을 세우지 않고 증명만 한 학자는 높은 평가를 받지 못한다.

그렇다면 2002년 고시바 마사토시씨는 뉴트리노를 관측하고 존재를 증명했을 뿐이라고 반론하는 사람도 있을 수 있겠다. 하지만 '뉴트리노 천문학'이라는 새로운 분야를 개척하고, 개척자로서 공헌한 것이 노벨 물리학상 수상의 이유였다.

또 수학 역사상 가장 어려운 문제인 '페르마의 마지막 정리'(3 이상의 자연수 n에 대해 $x^n+y^n=z^n$ 인 0이 아닌 자연수 x, y, z의 조합은 없다는 것)도 마찬가지이다. 최초로 문제를 제기한 페르마의 이름은 남아있지만, 360년 뒤에 그 문제를 푼 앤드류 와일즈의 이름은 아무도 모른다. 즉 문제를 만든 사람, 가설을 확립한 사람이 존중받는다는 이야기다.

이런 사실을 봐도 역시 '전두엽이 우수한 인간일수록 훌륭하다'는 가치관이 서양에서는 상당히 강함을 알 수 있다.

비즈니스의 경우도 마찬가지이다. 물론 독창적인 아이디어를 실제 물건으로 만들어낼 수 있는 사람이 필요하다. 하지만 기본적으로는 아이디어를 낸 사람이 사장이 되며 부자가 된다.

애플의 스티브 잡스도, 과거 소니 사장이었던 오오가 노리오씨나 모리타 아키오씨도 전두엽이 발달한 사람들이었으며, 주위에 그들의 독창적인 아이디어를 실현시켜줄 사람들이 모여들었다.

그때 대표가 독창적인 사람일수록 주위 사람들도 전두엽을 온전히 활성화시키지 않으면 따라갈 수 없게 된다. 단순히 IQ가 높을 뿐인 수재들을 데려다 놓아도 매력적인 상품을 만들어내는 회사가 될 수 없다는 것은 말할 필요도 없는 것이다.

특히 전두엽이 발달한 사람과 그 아이디어를 실현시킨 사람의 연합으로는, 혼다사의 창업자 혼다 소이치로씨와 후지사와 다케오씨가 유명하다. 천재적 기술자이면서 철저하게 독창적인 사람이었던 혼다씨를, 후지사와씨가 영업·경영면에서 지원해주어 혼다를 세계적인 대기업으로 만들었다.

창의적인 사람은
평생 창의적이다

　일 때문에 전두엽을 사용하지 못한 채 중장년이 된 사람들이 적지 않을 것이다. 하지만 나름대로 전두엽을 사용해온 아이디어맨이나 창의적이었던 사람이 나이가 듦에 따라 창의성을 잃어가는 모습을 보면 참으로 안타깝다.
　"그 선배는 젊었을 때에는 정말 참신한 아이디어가 샘솟는 사람이었는데, 요새는 감각의 날이 무뎌진 것 같단 말이야." 혹은 "진부한 의견밖에 내놓질 못하네, 역시 세월 앞에 장사 없군." 등등. 언제부턴가 주위사람이나 자신을 잠식해가는 노화에 깜짝 놀라는 사람도 많지 않은가.
　한편 나이가 들어도 전두엽을 활발하게 사용하는 사람도 많다. 예를 들면 91세에 세상을 떠난 파블로 피카소는 작풍作風이 어지러울 정도로 다채롭게 바뀌는 화가였으며, 타계 전까지 현대미술에 큰 영향을 미쳤다. 또 앞서 언급한 드러커 역시 95세에 운명하기 전까지 경영학과 사회학 등 폭넓은 분야에 관심을 가지고 집필 활동을 계속했다.
　창의적인 사람은 평생 창의적인 생각법을 유지한다. 이는 인간의 대뇌에서 큰 용적을 차지하는 전두엽이 예비 공간도 크기 때문인 것 같다. 그래서 다소 노화가 진행된다 해도 다른 부분에서 보완이 가능하기 때문인 것 같다. 그러므로 노화하기 전에 전두엽을 계속 사용하는 것은 최고의 노화 예방이라고 할 수 있겠다.

자세한 내용은 다음 장에서 설명하겠지만, 생각하는 습관 또는 식사를 포함한 생활 습관에 의해 전두엽의 노화를 방지할 수 있는 길이 분명히 있다.

하지만 일본은 학교교육 과정에서조차 전두엽을 기르고 단련하는 시스템을 찾아볼 수 없는 것이 큰 문제이다. 대표적인 실패 사례가 '유토리 교육'(역주: 기존의 주입식 교육이 아닌 경험 중시의 여유 있는 교육)이다.

회사도 "지금 이 상태가 계속되면 위험하다. 우리 회사 사원들도 바뀌어야만 해."라며 투덜대지만, 정작 '전두엽 생각을 키우기 위한 기업 연수'를 실시하고 있다는 이야기는 들어본 적이 없다. 그럼에도 업무와 관련해 전두엽은 뇌 노화의 제1관문이기 때문에 스스로 지키는 수밖에 달리 방법이 없다.

제1장

생각의 노화를 가속화하는 전두엽의 노화

제1장 생각의 노화를 가속화하는 전두엽의 노화

40대 현역 시절부터
전두엽은 노화하기 시작한다

　내 전문 분야는 노년 정신의학이라는 조금 특이한 분야이다. 1988년에 도쿄도 스기나미구 소재 요쿠후카이 병원이라는, 일본에서 가장 오래된 고령자 전문 종합병원에 근무하던 시절부터 23년째 이 분야에 몸담고 있다.
　지금까지 계속 고령자를 접하면서 건망증이 심한 사람, 모든 욕구가 없어진 사람 등의 뇌를 CT나 MRI를 통해 관찰해왔다. 고령자의 경우 우울증 같은 증상을 보여도 작은 뇌경색이 발생했을 가능성이 있기 때문에 병에 의한 신체 변화 유무를 확인하곤 했다.
　요쿠후카이 병원에는 햇수로 10년 동안 근무했는데, 그때가 바로 뇌 화상 진단이 CT에서 MRI로 바뀌는 시기였다. 처음 수년은 CT 촬영을 했지만, 1990년대에 들어서 MRI로 바뀌었다.

검사를 받아본 적이 있는 사람이라면 잘 알 것이다. 소리는 꽤 시끄럽지만 뇌와 같이 부드러운 조직을 정확히 찍어내고, CT에서와 같은 방사능 파폭 걱정을 안 해도 되는 장점을 가지고 있는 기계가 바로 MRI이다.

MRI 사진으로 보면 모든 고령자의 뇌는 다소 줄어들어 있는 것을 알 수 있다. 세월과 함께 뇌가 위축되는 것은 생리적으로 당연한 현상이다. 나는 수천 장의 사진을 봐오는 동안에 위축된 정도만 봐도 나이를 가늠할 수 있게 되었다.

머리 안에 뇌가 꽉 들어차 있을 것이라 생각하는 사람도 있겠지만, 40대에서 50대, 60대가 되면서 뇌는 조금씩 줄어든다. 그 중에서도 가장 먼저 줄어들기 시작하는 부위가 서두에 언급한 대로 전두엽이다.

"옛일은 지금도 잘 기억하고 있는데, 요즘 외운 것들은 전혀 생각나지가 않아." 또는 "요즘 자주 깜박깜박 하는 것 같다."라는 고령자들의 말을 자주 접한다. 이는 단기기억을 관장하는 해마(뇌 깊숙한 곳에 있다)부터 위축되기 때문이 아니다.

그보다는 전두엽의 위축에서 비롯됐다고 보는 것이 타당할 것이다. 전두엽 노화가 40대 현역 시절부터 시작된다는 것은 화상 진단 경험에서 봐도, 기능 측면에서 봐도 틀림이 없는 것 같다.

번거로운 것은 전두엽의 노화는 쉽게 알아차리기 힘들다는 것이다. 검사를 통해 진단할 수 있을 만큼 확실하게 위축된다면 "노화 때문에 오그라들었군요."라며 알기 쉽게 설명이 가능하다. 하지만 그 전단계(전두엽 기능이 다소 저하된 상태)라면 본인은 전혀 자신의 상황을 파악하지 못하기 때문이다.

전두엽 기능은 말하자면 '인간다움'의 원천이지만, 사용하지 않아도 살아갈 수 있는 것 또한 사실이다. 애초에 전두엽 기능은 자각할 수 없도록 설계되어 있는 듯하다. 기능이 저하되어도 알아차리지 못하기 때문이다.(97쪽 참조)

유일하게 자각할 수 있는 증상은 창의력이나 호기심의 저하이다. 창의력이나 호기심을 필요로 하는 일에 종사하고 있다면 "젊은 시절에 나는 지금보다 더 아이디어가 넘치는 사람이었는데…."라면서 자각이 가능할 것이다. 하지만 대부분 그런 일에 종사하지 않기 때문에 실제로 자각하는 데 별다른 도움은 되지 않는다.

하지만 이전에는 자기와 다른 의견을 솔직하게 받아들이던 사람이 점점 외고집으로 변하고, 매번 단골집만 찾아가며 새로운 가게를 찾아 나서지 않게 되었거나, 언제나 비슷한 옷을 입으며 패션의 변화를 꾀하지 않게 된 것은 전두엽의 기능 저하를 나타내는 알기 쉬운 신호라고 하겠다.

그럼에도 "최근에 고집스러워지셨네요."라든가 "매번 똑같은 가게에만 가시는군요."라고 후배나 거래처 직원이 말할 리 만무하기 때문에, 본인은 변화를 쉽게 눈치채기 힘들다. 역시 기획부와 같은 부서에 있지 않는 이상 전두엽의 기능 저하를 자각하기란 쉽지 않다.

생각의 노화를 막는
전두엽의 3가지 핵심 기능

나이 듦에 따라 뇌가 줄어들 때에 전체가 한 번에 줄어드는 것은 아니다. 여기에는 의학적 데이터가 있어 대뇌의 전두엽, 두정엽, 측두엽, 후두엽 등 네 부위 가운데서도 빨리 그리고 심하게 줄어드는 부위와 그렇지 않은 부위가 있다는 것이 확실하게 밝혀져 있다.

앞서 언급한 것처럼 가장 먼저 줄어드는 부위는 전두엽이다. 셰이퍼라는 신경병리학자의 연구에 의하면, 정상 노화의 경우 신경세포 감소 정도(뇌 위축과 같은 의미로 봐도 무방하다)가 가장 큰 부위는 전두엽 중에서도 전두극前頭極이라는 가장 앞부분이었다.

한편 치매에 걸린 고령자는 전두극 이상으로 측두엽 측두연합야側頭連合野나 전두엽 운동전야運動前野, 후두엽의 시각령視覺領이라는 부위의 감소 정도가 크게 나타났다.

각 부위의 역할을 대략적으로 말하면 다음과 같다.

- 전두엽　　전두극 …… 자발성, 의욕, 기분 전환 스위치
　　　　　 운동전야 …… 창조성, 의욕, 감정 제어
- 측두엽　　측두연합야 …… 언어 이해, 형태 인지
- 두정엽　　두정연합야 …… 계산 기능, 공간 등의 인지와 구성 기능
- 후두엽　　시각령 …… 시각 정보 이해

　전두엽 기능의 핵심은 크게 '의욕과 정보 제어 능력' '생각 전환' '창의력' 이렇게 세 가지로 나눌 수 있다. 창의력에 관해서는 다시 설명할 필요도 없겠지만, 의욕과 정보 제어 능력, 생각 전환은 유연한 생각을 위해 빼놓을 수 없는 특성들이다.
　다시 말해 어떤 생각·정보로부터 다른 생각·정보로 이동하거나, 전환할 수 있는 것은 이러한 기능들이 전두엽에서 제대로 작동되고 있기 때문이다.
　그러므로 '아이디어맨'이라고 불리는 사람은 전두엽이 제대로 기능을 하고 있는 사람이다. 전두엽의 기능 저하는 바로 전두엽의 노화이다. 유연한 사고가 가능한 사람은 뇌의 노화가 아직 시작되지 않은, 혹은 그다지 노화되지 않은 사람을 말한다.
　나는 이전에 의욕과 감정 제어 능력의 관점에서 〈사람은 감정부터 늙는다〉를 출간했다. 한 번 화가 나면 계속 화난 상태를 제어하지 못하거나, 자발성과 의욕이 감퇴되는 등의 '감정의 노화'를 방치하면, 뇌도 신체도 외모도 노화가 가속화된다는 사실에

관해 경종을 울린 것이다.

이 책에서는 생각의 노화를 막기 위해, 생각 전환과 창의성의 관점에서 기술하고자 한다. 지식사회인 현대에서 살아남기 위해 생각의 노화는 가장 조심해야 할 문제이기 때문이다.

성공 체험에 사로잡히면
생각이 경직된다

한 가지 조심해야 할 점은 성공한 사람일수록 자신의 성공 유형에 사로잡히기 쉽다는 것이다.

다시 말해 자신이 '그럭저럭 괜찮은 학력을 얻었다'거나 '그럭저럭 괜찮은 회사에 다니며 출세가도를 달리고 있다'고 생각하는 경우, 지금까지 경험한 자신의 성공 유형이 최선이라고 맹신하며 그 생각에서 벗어나지 못하게 된다는 것이다.

많은 회사에서 일어나는 문제점들 중 하나가 '성공 체험에 사로잡혀 새로운 활동을 향해 나아가지 못한다'는 것이다. 결정권을 가진 상사는 대개 연장자가 많다. 그러므로 사려 깊게 깨어 있고, 변화하려고 노력하지 않는다면 무난한 결정, 전례 답습형 의사 결정만 하게 된다.

그뿐 아니라 대학교수나 학계의 이른바 중진들 즉, 높은 위치에 있는 사람들은 자신이 배우고 익힌 것과 다를 경우 다소 과민하게 반응하기도 한다.

예를 들면 '장기간 이어져온 경기침체로부터 일본을 어떻게 구해야 할까?'라는 질문에 대해 많은 사람들이 저마다 아이디어를 내놓는다고 가정해 보자.

'상속세를 높여야 고령자가 돈을 쓸 것이다' '포인트와 같은 형태로 어떻게든 소비 인센티브를 부여해야 한다' 등 여러 의견이 나오지만, 높은 위치에 있는 전문가들이 '지금까지의 경제이론과 다르다'는 이유로 모든 아이디어를 무시하는 경우가 실제로 벌어지고 있다.

지금까지의 경제이론과 다르다는 것이 반론의 이유가 될 수 없음이 분명한데도 그런 사실조차 인식하지 못하는 것이다. '나와 다른 의견에 귀를 기울이겠다'는 자기 경계심이라도 있으면 좋겠지만, 생각이나 감정이 경직되어 있기 때문에 자각이 불가능하다. 그 결과 높은 위치에 오를수록 자신의 학설과 비슷한 의견 이외에는 무시하게끔 변하는 것이다.

앞으로 더 자세히 살펴보겠지만 유연한 생각을 하지 못하는 상사나 학자는 그들 자신이 원래부터 그런 교육밖에 받지 않았기 때문이다. 다시 말해 마르크스든 케인즈든 프리드먼의 이론이든, 배우면 그것으로 끝이다. 그리고 '그 이론들을 얼마나 잘 이해했는가?'라는 확인 테스트가 대학 수준에서도 중시되는 것이 일본인 것이다.

해외 대학에서는 이론이나 학설을 배우면, 그에 대한 반론을 꾀하는 교육 훈련을 당연시하며 시행한다. 반론이나 다른 아이디어에 대해 "재미있는 생각이군."이라며 높이 평가하는 나라와, 단순히 있는 그대로의 이론이나 학설을 얼마나 틀리지 않고 이해하는가를 중시하는 나라. 나라의 색깔이 달라도 너무 다르다.

일본의 대학은 교수회가 교수를 뽑는다. 전두엽이 완전히 노화한 자들이 새로운 교수 멤버를 뽑는 최악의 시스템이기 때문에 전두엽이 노화된 사람들만 모일 수밖에 없다.

물론 기업이 그렇게 했다가는 파산해버리기 때문에, 생각의 유연성을 가진, 전두엽 활동이 활발한 사람을 결정권 있는 자리에 올리는 것은 당연하다. 따라서 전두엽이 노화한 전례 답습형 중·노년들은 아직 높은 자리에 있다고 해도 머잖아 쫓겨날 수 있다. 그러니 그렇게 되기 전에 예방적 대처를 하는 것이 중요하다.

생각의 전환 능력이
저하된다

　또 나이가 들면, 한 가지 생각에 빠져 새로운 사물을 유연하게 받아들일 수 없게 된다. 전두엽의 기능이 저하함에 따라 '의욕과 감정 제어 능력'과 '생각 전환'이 잘 되지 않기 때문이다.

　나는 이것이 중·노년층 이혼의 원인들 중 하나일 것이라 생각한다. 감정 제어가 잘 되지 않으면, 아침에 한 사소한 말다툼에 하루 종일 기분이 나쁠 수 있다. 혹은 부부싸움이 끝나도 며칠 동안 여파가 지속된다. 한 번 싸우면 일주일 동안 말 한마디 하지 않는 중년 부부도 상당수 있다고 들었다.

　젊은 부부는 한 번 싸울 때 격하게, 집안 물건이 날아다닐 정도로 싸울지 모른다. 하지만 다음날이 되면 의외로 언제 그랬냐는 듯이 화해하는 경우가 대부분이다.

　그런데 나이가 들면 한 번 화가 났을 때에 간단히 화가 사그라지지 않는다. 노화에 의해 전두엽의 생각 전환 능력이 나빠진 결과, 기분 전환이 어려워졌기 때문이다.

　또 뇌 손상이 있는 고령자는 때때로 다음과 같은 증상을 보인다. 진료실에서 "오늘이 몇 년 몇 월 며칠인가요?" 하고 물으면 "2012년 9월 10일입니다."라고 올바르게 답한다. 그런데 이어서 "어르신 생일이 언제세요?" 하고 물어도 "2012년 9월 10일입니다."라며 같은 대답을 반복한다. 질문이 바뀌었는데도 말이다.

이것은 '보속증(保續症)'이라고 하는데, 전두엽에 상당한 손상이 있는 경우 발생하는 현상이다.

첫 질문에는 제대로 대답하기 때문에 이해력이나 추리력이 저하돼 있는 것은 아니다. "어제 점심에 무얼 드셨어요?"라고 질문하면 "메밀국수를 먹었습니다." 하고 제대로 대답하는 것으로 보아 기억력에도 문제가 없다고 할 수 있다. 하지만 계속해서 "오늘 지금 이후에 어디로 가실 건가요?" 하고 물으면 "메밀을 먹었습니다."라고 대답하는 것이 보속증이다.

이 보속증의 정도를 측정하는 의학적 진단에는 위스콘신 카드 분류 테스트(WCST)가 사용된다. 이 테스트는 네 가지 색상, 네 가지 모형, 네 가지 숫자의 카드를 어떤 법칙에 근거해 나열하고 피험자가 그 법칙을 알아채는가를 검사한다.

예를 들어 1·2·3·4·1·2·3 이렇게 카드가 나열되어 있으면 그 다음은 4라는 추리가 가능하다. 1·4·3·2·4·2·1 이렇게 의미 없는 듯 나열되어 있어도 카드의 색이 빨강·파랑·노랑·초록·빨강·파랑·노랑이라면 그 다음은 녹색임을 알 수 있다.

처음에는 잘 모르지만, 몇 번 반복하다 보면 어떤 법칙으로 나열되는지를 알 수 있다. 그 다음 단계로 숫자도 색도 법칙이 없지만 모형이 삼각, 별, 십자, 원형으로 반복되는 등 차례로 법칙을 바꾸어가면서 그 법칙을 알아차리는지 시험한다.

그런데 전두엽 기능이 저하되면 그것을 할 수 없게 된다. 처음에 '숫자의 순서이다'고 이해해버리면, 법칙이 색의 순서로 변하는 순간 알 수 없게 된다. 이 WCST는 수준 높은 검사이기 때문에 다소 젊다 해도 전두엽 기능이 저하된 사람이라면 법칙을 찾아내지 못한다. 전두엽의 기능 저하가 뚜렷하게 드러나는 것이다.

보속증의 특징은 신기하게도 '137+419은?'이라는 꽤 어려운 계산 질문에도 정답을 말하지만, 그 다음에 주어진 계산 문제에도 같은 답을 말하는 것이다. 이와 같이 전두엽에 손상이 생기면 사고력과 계산력, 기억력은 정상임에도 생각 전환이 불가능해지는 것이 특징임을 잘 알 수 있다.

유권자의 2/3 이상은 전두엽이 노화되었다?

전두엽이 노화한 사람이 늘어날수록 사회 자체도 변화한다.

예를 들면 최근 선거를 통해 알 수 있었던 것처럼, TV에 자주 나오고 알기 쉽게 결론만 말하는 후보자일수록 많은 표를 얻는다. 또 TV에 나오는 비평가들의 해설을 그대로 받아들이는 사람들이 많아졌다.

일본인은 이전보다 더 TV의 영향을 받기 쉽게 변했다고도 할 수 있겠다. 나는 그 이유의 하나가 고령자 비율이 증가했기 때문이라고 생각한다. 더 자세히 설명하면, 전두엽이 노화하기 시작하면 모든 일을 귀찮게 여기기 때문에 생각하는 것 자체도 귀찮아한다. 다시 말해 생각이 노화하여 '생각 게으름증'에 빠지는 것이다.

이렇게 되면 스스로 충분히 생각지 않고, 일단 한 가지 답을 찾으면 그 답에만 매달리게 된다. 그러므로 다른 답은 머리에 떠오르지 않게 되며, 지금까지의 전례대로 문제를 해결하려는 경우도 많아진다. 회사에서 일할 때뿐 아니라 일상생활의 모든 일에서 생각하기를 귀찮아하게 된다.

그 좋은 예가 2011년 4월에 실시된 도쿄도지사 선거일 것이다.

4선에 도전한 이시하라 신타로씨가 260만 표 이상을 얻어 당선되었다. TV에 자주 나오고 지명도가 상당히 높은 히가시고쿠마루 히데오씨가 169만 표를 얻어 2위였으며, 고령자 복지를 열정적으로 외친 공산당 고이케 아키라씨는 62만 표로 4위에 그쳤다.

본래 고령자가 증가하면 '복지에 힘쓰겠습니다'라는 정당에 표가 가는 것이 당연해 보인다. 하지만 현실은 복지 공약을 중점적으로 내세워도 표가 가지 않은 것이다.

유연한 생각을 가진 유권자라면 '현실적으로 공산당이 1위가 될 리는 없겠지만, 시험 삼아 복지를 중시하는 고이케씨를 찍어 볼까' 하는 판단도 가능하다.

만약 고이케씨가 히가시고쿠마루씨보다 더 많은 표를 얻어 2

위라도 하는 날에는, '복지를 충실히 하는 쪽이 표를 더 많이 얻는다'는 생각이 정치가들 사이에서 주류를 이뤄, 일본의 복지정책도 변할 것이다. 그런데 그런 일은 일어나지 않았다.

다시 말해 사람들이 생각 게으름증에 빠지면 빠질수록, '지명도가 높은 인물이 반드시 이긴다'거나 '붐에 금방 편승해버린다'는 이상한 경향이 나타나는 것이다.

도미노 효과와 같은 현상이 일어나서, 민주당이 압승해 정권교체가 실현되는 듯이 보였다. 그런데 다음 선거에서 자민당이 대승할 것 같다거나, 이른바 '지역정당'이 붐을 타게 되면 모두가 그 정당에 투표하는 최근 풍조의 배경에는 생각의 노화에 의한 생각 게으름증이 근본 원인일 수 있다.

대체로 이전에는 젊은 사람들이 혁신정당을 지지하고, 중장년은 보수정당을 지지하는 경향이 있었다. 1970년 일본의 고령화 비율(총인구 중 65세 이상 고령자가 차지하는 비율)은 7.1%에 불과했고, 거의 복지가 필요 없는 시대였다

그런데 2010년 고령화 비율은 23.1%로 급증하였고, 기존의 혁신정당을 지지하던 젊은이들도 고령자 반열에 합류하였다. 상식에 비춰보면 초超고령사회를 어떻게 극복할 것인가에 관해 더 많은 논의가 있어야 하지만, 현실은 그렇지 않다.

여기에는 일본인의 평균연령이 높아진 것도 관련이 있다. 평균연령이란 일반적으로 자주 듣는 평균수명이나 평균여명과 달리, 일본인 모두의 연령을 더한 뒤 전체 인구수로 나눈 값이다.

그러므로 인구 피라미드의 아래 부분이 넓은, 어린아이가 많은 나라는 평균연령이 젊고, 아이가 적고 고령자가 많은 나라는 평균연령이 높다. 일본은 이 평균연령이 세계에서 가장 높은 44.7세이다. 2005년 통계가 이러하기 때문에 지금은 더 심해졌을 것이다.

빠르면 40대부터 전두엽의 노화가 시작된다는 사실을 감안하면, 일본은 아마 전 인구의 절반 이상, 전체 유권자의 2/3 이상이 전두엽이 노화되고 있다고 추측된다. 게다가 젊은 세대에서도 생각 게으름증에 빠져 결론만 빨리 알고 싶어 하는 사람이 증가하고 있다는 느낌을 지울 수 없다. '전 일본인의 전두엽 노화 시대'라고 해도 될 법하다.

'전두엽 노화 세대'가
돈을 쥐고 있는 일본

일본정책투자은행 참사역 모타니 고스케씨는 자신의 베스트셀러 〈디플레이션의 정체正体〉에서 "생산연령인구가 줄어들었기 때문에 당연히 디플레이션이 발생했다."라고 말하였다.

급증한 고령자는 기대만큼 돈을 쓰지 않으며, 생산연령에 해당하는 현역세대 인구는 줄어드는 추세이다. 게다가 월급이 오르지 않아 돈을 아끼기 때문에, 경기가 회복되지 않는 디플레이션은 끝나지 않는다.

분명히 나도 이 논리에 어느 정도는 공감한다. 생산연령인구가 줄어들고 고령자가 늘어나는 것은 전두엽이 노화한 사람의 비율이 증가하고 있다는 의미이기도 하기에, 경제 회복이 어려운 것이다.

고령자가 돈을 쓰지 않는 이유는 자녀들에게 재산을 물려주기 위해서이거나, 병에 걸렸을 때를 대비하기 위함이라는 사람들도 있다. 하지만 진정한 이유는 호기심과 모험심 같은 기개氣槪를 잃었기 때문이며, 단순히 구매의욕이 낮기 때문이다.

40 · 50대 중에도 가처분소득이 어느 정도 있어도 의욕과 호기심이 저하되면 새로운 물건을 사려는 마음이 생기지 않는다. 다시 말해 전두엽이 노화한 인구의 증가가 소비 정체 현상의 원인이라는 가설도 일리가 있다.

반면 나이가 들어도 활발한 전두엽 활동을 통해, 멋있는 취미생활을 즐기거나 스마트폰 같은 최신 기기를 사용해보려고 하는 고령자(40 · 50대까지 포함)가 많아져 이들의 소비가 10%만 증가해도 큰 효과가 있을 것이다. 이들 연령대는 인구가 많은 만큼 효과도 클 것이다.

〈디플레이션의 정체〉는 많은 교훈을 주는 책이지만, 모타니씨의 이론대로라면 생산인구가 적은 나라는 모두 디플레이션 현상으로 고생해야 할 것이다. 그런데 일본처럼 생산인구 감소 사회로 변한 북유럽의 여러 나라들은 오히려 인플레이션 현상이 일어나고 있다.

그 나라들은 GDP가 성장하고, 물가도 오르고 있다. 생산성이 향상되고 있으며, 국민들은 모두 활기차고, 소비 욕구도 왕성하다. 따라서 생산인구의 감소만으로는 디플레이션 현상을 설명할 수 없다.

그런 관점에서 생각하면 전두엽의 자극을 겨냥한 비즈니스와 경기 대책의 필요성이 대두된다.

앞서 전두엽 활동이 왕성한 사람의 예로 닌텐도사 전 사장 야마우치씨를 언급했다. 그런데 현 사장인 이와다 사토루씨 또한 대단한 전두엽을 가지고 있다. 그 이유는 '닌텐도 DS'의 두뇌 트레이닝과 'Wii'처럼 중장년까지 사고 싶게 만드는 게임기기와 소프트웨어를 세상에 내놓은 사람이 바로 그이기 때문이다.

이와다씨는 1959년생으로 50대 초반이다. 평균적으로 이 연령대에서 전두엽이 노화한 사람들이 드물지 않다. 그럼에도 이와다씨의 전두엽은 특출하게 왕성한 활동을 보이고 있다.

아직도 TV업계는 시청자의 F1층(20~34세 여성)을 중시한다. 이 연령층이 보고 싶어 할 만한 프로그램을 만들기 위해 노력하며, 일반적으로 '중장년은 물건을 구매하지 않는다'고 단정 짓고 있다.

자신은 젊은 생각을 유지하고 있다고 확신하는 TV제작자들이 오히려 자신들의 확신에서 벗어나지 못하는, 다시 말해 전두엽을 제대로 활성화하지 못하는 사실이 안타깝다.

이에 비해 이와다씨의 뛰어난 점은 어지간하면 새로운 물건에 눈을 돌리지 않는 중·노년층을 중시하며, '어떻게 하면 돈을 소비시킬 수 있을까'를 진지하게 생각했다는 점이다.

뇌의 동맥경화가
생각의 노화를 가속화한다

생각의 노화의 원인은 전두엽 이외에도 여러 가지가 있다. 그 중 하나가 동맥경화이다. 동맥경화는 대개 대사 증후군(역주: 만성적 대사 장애로 인해 여러 관련 질환이 한꺼번에 나타나는 상태)이 원인으로, 뇌경색이나 심근경색으로 악화되기도 한다.

뇌에서 발생하는 동맥경화는 질이 더 나쁘다. 뇌 이외의 곳에서 동맥경화가 일어나면 측부 혈행로(기존 혈관 곁에 새로 생긴 혈액 순환로)가 생겨 피의 흐름에 영향을 미치지 않는다. 하지만 뇌는 그렇지 못하기 때문이다.

좁은 혈관 하나하나가 뇌의 아주 작은 부위들에 혈액을 공급해 주기 때문에 다른 혈관이 그 일을 대신할 수 없는 것이다. 혈액

순환에 장애가 생기면 뇌의 기능 저하가 조금씩 일어난다. 이에 따라 뇌에 동맥경화가 진행되면, 자발성도 떨어진다.

자발성 저하는 아무 일도 하지 않는 채 하루 종일 멍하니 있는 상태로, 치매로 오인하기 쉽다. 40대가 되어 갑자기 '주도권을 잡지 못하게 되었다' '시키면 하는데 스스로는 아무것도 하기 싫다'는 사람은 뇌 동맥경화의 징후일지도 모른다.

이전에는 자발성이 저하된 고령자들을 대상으로 뇌 혈액순환을 개선시켜 주고, 자발성을 높여준다는 뇌 혈액순환 개선제나 뇌 대사 촉진제라고 불리는 약들이 시중에 많이 나돌았다. 하지만 거의 효과가 없어 지금은 판매중지 상태이다.

여담이지만 최근에 발기부전 치료약으로 알려진 비아그라가 동맥경화로 흐름이 나빠진 혈관을 다시 젊게 해주는 효과가 있다고 하여 주목받고 있다. 그런 효과를 거두기 위해서는 하루나 이틀에 한 번 꼴로 비아그라를 계속 먹어야 한다.

한 알에 1만~2만원 하는 약이기에 비용은 많이 들지만, 동맥경화에 효과가 있는 약이 워낙 적으니, 알아두어도 손해는 없을 것이다.

본론으로 돌아와, 그렇지 않아도 전두엽의 노화에 의해 생각 게으름증과 자발성 저하가 시작되는데, 동맥경화마저 가세한다면 위험성은 분명히 배가될 것이다. 중장년 직장인들 중에 일을 주도적으로 처리하지 못하거나 자발성이 떨어졌다는 평가를 사내에서 받게 되었다면, 이 또한 정리해고의 대상이 될 수밖에 없다.

그러니 뇌의 동맥경화는 건강 측면뿐 아니라 사회적 측면에서도 상당히 위험한 질병이라고 하겠다.

중년 우울증을 부르는 뇌 세로토닌 부족

40대가 되면 인체는 전두엽의 노화 외에도 여러 가지 생물학적 변화가 시작된다. 그 중 하나가 세로토닌을 비롯한 뇌 신경전달물질의 감소이다. 세로토닌은 '행복 물질'이라고도 불리는데, 뇌 내에 충분한 양이 존재하면 우리는 행복감을 느끼게 된다.

중장년이 우울증에 걸리기 쉬운 이유도 세로토닌이 부족하기 때문이다. 최근에 우울증은 이 같은 생물학적 요인에 의해 발생한다는 연구 결과도 많다. 세포 단위에서 우울증의 원인을 찾아보면, 시냅스 간에 신경전달물질의 이동이 잘 이루어지지 않기 때문임을 알 수 있다.

시냅스란 신경세포의 접합부를 말하며, 아주 작은 틈이 존재한다. 전기 신호로 전달된 자극에 의해 방출된 신경전달물질 세로토닌이 이 틈을 통과한다. 그런데 수용체의 상태가 좋지 못하면 세로토닌을 제대로 받아들이지 못한다. 그 결과 기분이 침울해지는 것이다.

수용체가 받아들이지 못한 세로토닌은 원래 방출한 쪽에 재흡수된다. 그런데 이전보다 부작용이 적어 최근 수년간 많은 인기를 모았던 항우울제 SSRI(선택적 세로토닌 재흡수 저해제)는 세로토닌 재흡수를 저해한다. 이를 통해 SSRI는 시냅스 속 세로토닌 농도를 어느 정도 높이지만, 원래 방출된 세로토닌 양이 적으면 그다지 효과가 없는 것으로 밝혀졌다.

우울증 상태의 사람에게 일어나기 쉬운 증상 중 하나는 매일 '난 이제 틀렸어' 같은 감정과 생각이 떠올라 다른 생각을 할 수 없게 되는 것이다. '좀 다른 생각을 해보자'라며 독려해도 '그래도 난 역시 틀렸어'라며 쉽게 좌절한다.

이것은 나중에 다루겠지만, '자동 생각'이라고 불리며 심각한 우울증으로 진행되기 쉬운 생각 패턴이다.

전두엽 기능이 저하되면, 감정 제어 시스템이 제 기능을 하지 못하게 되고, 쉽게 화를 내게 된다. 나아가 세로토닌이 줄어드는 상태가 지속되면, 더 신경질적으로 변한다. 이렇게 감정 제어가 힘들어지는 것 역시 생각 장애의 큰 원인이다.

생각의 노화를 촉진하는
남성 갱년기

마찬가지로 40대가 되면 여러 가지 호르몬 분비도 저하된다.

우리 몸은 극소량의 호르몬에 의해 특정 기관의 움직임이 제어된다. 호르몬은 혈당치를 낮추거나, 혈액 속 칼슘 농도를 유지하거나, 면역 반응을 관리하거나, 세포 대사 활동을 제어하는 등 생명 유지에 중요한 일들을 한다.

인간의 몸속에는 70종 이상의 호르몬이 있다. 그 중 하나가 테스토스테론(남성호르몬)이다. 남성호르몬이라고 하면 남성에게만 있는 호르몬으로 생각하기 쉽지만, 여성에게도 있다. 반대로 남성에게도 여성호르몬이 있다. 단지 이 호르몬을 얼마나 가지고 있느냐의 차이가 있을 뿐이다.

그런데 남성은 남성호르몬, 여성은 여성호르몬의 분비가 저하돼 지금까지의 신체 균형이 깨어지는 시기가 있다. 그것이 바로 갱년기이다.

남성호르몬은 성기능을 담당할 뿐 아니라 근육과 뼈의 형성, 그리고 내장 지방을 분해하는 지질대사에 관여한다. 따라서 우람한 체격을 만드는 데에도 일조한다. 정신에도 큰 영향을 미치는데, 뇌에 직접적으로 작용해 활동성을 높이거나 판단력과 기억력 등 인지기능을 향상시켜 뇌의 움직임을 좋게 한다. 또 의욕을 불러일으키는 작용을 하며, 모험심과 경쟁심을 높이는 효과도 있다.

일반적으로 남성호르몬이 많이 분비되는 사람은 공격적인 성향이 강하다. 생각과 관련시켜 보면, 이것은 '사냥감을 잡으러 가자'는 발상에 기초한 공격적 생각이기에 역시 전두엽의 기능과 연관이 있다. 새로운 가치를 창조하는 혁신만이 살아남을 수 있는 지금 세상에 남성호르몬은 절대로 소홀히 할 수 없는 중요한 것이다.

또 갱년기라고 하면 여성만의 문제로 인식하는 경우가 많은데 그렇지 않다. 여성은 폐경이라는 확실한 증상이 있기 때문에 누구라도 쉽게 알 수 있다. 하지만 남성의 경우, '아침 발기가 안 된다' '성욕이 조금 떨어졌다'는 징후가 있어도 "나이 앞에선 장사 없구먼." 하며 대수롭지 않게 생각할 뿐 그것을 갱년기 증상으로는 인식하지 않는다.

남성 갱년기는 크게 신체 증상과 정신 증상으로 나뉘지며 많은 증상들을 수반한다. 신체 증상은 근력 저하, 근육통, 피로, 발열, 발한, 어지러움, 환청, 발기부전이나 아침 발기 소실, 빈뇨증 등이 있다. 정신 증상으로는 집중력 저하, 무기력증, 답답함, 짜증, 불안, 불면, 기억력 감퇴, 성욕 감퇴 등이 있다.

일본인은 서양인보다 정신 증상이 더 심한 듯하며, 우울증 진단을 받은 사람들 중에는 갱년기 증상 남성이 상당수 포함되어 있다고 한다. 대다수 사람들이 남성 갱년기를 대수롭지 않게 생각한다. 하지만 문제는 그것이 생각의 노화로 이어지기 쉽고, 또한 생각의 노화가 시작되면 그것을 가속화한다는 점이다.

가뜩이나 전두엽 기능 저하로 창의성이 떨어지고, 생각과 감정의 제어가 힘든데, 갱년기는 그런 증상들을 심화시킨다. 남성 호르몬 감소로 활동성이 떨어지면 생각하기를 더 귀찮아하게 된다. 결국 아무런 생각도 하지 않고 결론을 내리는, 멍청하게 하루하루를 살아가는 중장년이 되기 쉽다.

40대부터 50대까지의 시기는 전두엽 기능 저하와 신경전달물질의 감소가 더해지기 때문에 문자 그대로 '인생의 분기점'이라고 할 수 있다. 앞서 언급한 것처럼 40대는 생물학적 관점에서 보면, 성년에서 노년으로 전환하는 시기이다.

하지만 지금은 옛날처럼 50대 중반에 퇴직해 손자를 돌보며 유유자적한 생활을 보내다가 70대 전후에 생을 마감하는 시대가 아니다. 지금은 50대도 젊음을 유지하며 공격적으로 살아가는 것을 당연시하는 시대이다. 그러므로 시대에 적절히 적응하지 않으면 남은 인생이 힘들어진다.

젊은 층에서도 발생하는
생각의 노화

앞 장에서 '고학력 탤런트나 퀴즈 프로그램 우승자는 머리가 좋은 사람인가?'라는 의문에 대해 다뤘다. 앞 장에서도 말한 것처럼, TV 퀴즈 프로그램에서 시청자가 대단하다고 생각하는 사람들은 전두엽을 전혀 사용하지 않아도 되는, 아무런 가공도 하지 않은 기억과 지식을 말하는 사람들일 뿐이다.

내가 개인적으로 의문시 하는 것은 퀴즈 프로그램에서 활약하는 고학력 개그맨은 풍부한 지식을 가지고 있고, 머리도 좋다는 평가를 받지만, 본업인 개그는 하나도 재미가 없다는 점이다. 정말 머리가 좋은 사람이라면 그 지식을 가공해 새로운 재미를 창출해내는, 창조적인 능력이 있어야 한다.

그런 면에서 뛰어난 사람이 기타노 다케시씨이다. 지식이 풍부하기 때문에 개그가 재미있어지는 것은 아니지만, 그는 그 지식을 창조적으로 제대로 사용한 사람이기에 '세계적인 기타노' '비트 beat 다케시'라고 불리는 것이다.

만담가의 세계에서도 그저 만담을 많이 외우는 것이 중요하다면, 대학의 만담 연구 동아리 수준으로도 충분할 것이다. 하지만 만담을 보러 온 손님들을 보면서 웃음의 공간을 만드는 화술의 경지에까지 오르려면, '종합적인 표현력'을 만들어내는 전두엽 기능이 꼭 필요하다. 만담을 정확히 외워두기만 하는 것은 컴퓨터 데이터베이스로도 충분하겠지만, 그것만으로는 만담의 재미를 100% 이끌어낼 수는 없다.

반복하지만, 많은 양의 정확한 지식을 머리에 집어넣고, 문제에 재빨리 답하는 책상머리형·퀴즈형 머리를 '똑똑하다'고 착각하는 사람들이 많다. 지식을 응용·가공해 표현하는 창의적인 두뇌의 우수성에 대한 이해가 부족한 것은, 단순히 정답·오답으로는 표현할 수 없는 만큼의 지성이 평가하는 사람에게도 필요하기 때문이 아닐까.

개그에 대해 좀 더 이야기하면, 다른 사람이 생각지 못한, 예상치 못한 개그일수록 큰 재미를 선사하기 때문에 예상 가능한 개그는 그다지 재미가 없다. 상식을 뒤엎는 신선함이나 풍자를 통해 웃음이 생기는 것이다.

지금 젊은 개그맨들의 팬은 웃음에 대한 기준이 상당히 낮다. 낙엽만 굴러도 박장대소하는 젊은이들이 있기에 변변찮은 상태에서도 활동이 가능한 것이다.

일전에 TBS 채널이 방영한 〈퀴즈 더비〉에서 압도적인 정답률을 자랑한 사람은 만화가 하라 다이라씨였다. 그는 지식을 뽐내는 식의 재미를 선사했는데, 본업인 만화도 높은 평가를 받았다. 그때그때의 뉴스에 약간의 풍자를 실어 그린 개그만화는 풍부한 지식 위에 가공이 더해져 호평 받았다.

그런데 신기하게도 하라씨는 40대 후반에 남성 갱년기장애로 고통 받은 뒤, 그 투병기를 발표해 남성 갱년기의 존재를 세상에 널리 알렸다. 풍부한 지식으로 사람을 감탄시키는 것보다, 그처럼 발상을 전환하거나 상대의 의표를 찔러 웃음을 만드는 사람이야말로 머리가 좋은 사람이라고 하겠다.

비트 다케시씨나 다모리씨가 지금도 최전선에서 활약하는 이유도 상식적인 웃음을 넘어선 재미를 만들어내기 때문이다. 지식이나 학식을 뽐내는 정도의 개그맨은 '게스트'는 될 수 있어도 개그계의 정점에 오를 수는 없다. 하지만 지금은 지식을 자랑하는 것이 열심히 개그를 갈고 닦는 것보다 TV에 훨씬 자주 나오게 되는 이상한 시대인 것도 사실이다.

전두엽이 발달해 있다면 본인도 '이런 상황은 조금 이상한 것 같은데?'라고 생각하겠지만, 전두엽이 발달하지 않은 사람은 TV에 적당히 나올 수 있는 것에 만족해버린다. 그것을 보고 기뻐하는 시청자들도 전두엽 발달이 충분치 않다는 것은 말할 필요도 없을 것이다.

이것은 나중에 더 자세히 설명하겠지만, 전두엽이 처음부터 발달하지 않아 젊은 시절부터 생각의 노화가 일어나기 때문이다. 원래부터 전두엽이 발달하지 않은 젊은이들도 적잖게 존재한다.

자신에게 생각의 노화가 진행되고 있어도, 안타깝게도 그것을 눈치 채지 못하고, 계속 그대로 살아가는 사람들이 많다. 그 주위 사람들 역시 생각이 노화해 있기 때문이다. 실은 이것은 학교 교육과도 깊은 관련이 있는 문제인 것이다.

젊을 때 전두엽만 단련하면
나쁜 점이 많다?

전두엽 단련법에는 크게 두 가지 의견이 있다. 첫 번째는 어린 시절부터 생각이 굳지 않게 하기 위해, 발표형 교육 등을 통해 상상력을 무한히 이끌어내자는 의견이다. 다른 한 가지는 초·중등 교육은 기초적인 지식을 제대로 가르치고, 그 후 창의력 교육을 더하자는 의견이다.

전자의 관점에서 문부성(당시)은 1996년에 '삶의 힘'을 교육의 목표로 내걸었으며 2000년에 '종합 학습'을 시작했다. 유토리 교육(역주: 기존의 주입식 교육이 아닌 경험 중시의 여유 있는 교육)도 이런 흐름에서 도입되었다.

하지만 그 교육법이 심각한 학력 저하를 초래해 중단된 것은 모두가 잘 아는 사실이다. 이것은 기본적인 지식과 계산 능력 등 기초학력을 소홀히 하면서 전두엽의 기능만 중시했기 때문에 실패하였다.

또한 전자의 관점에 따르면, 종래의 대학 입시는 두정엽이나 측두엽 기능만 보았기 때문에 풍부한 상상력 같은 전두엽 기능을 확인하지는 못했다. 그래서 AO(Admission Office, 입시전담기구) 입시로 다양한 재능을 확인하고자 했다.

이것은 입시 성적에 의한 합격·불합격이 아닌 지원 이유서,

면접, 소논문 등 학생을 다방면에서 평가해 대학이 원하는 인재상에 적합한 지원자를 선택하는 방식(역주: 한국의 일부 수시 전형 방식과 비슷)이었다.

얼핏 보기에 이 입시는 학과 시험으로는 알 수 없는 적성에 맞는 학생을 뽑을 수 있을 것 같았지만, 실제는 그렇지도 않았다. 왜냐 하면 이른바 일류대학도 AO입시를 시행하자, 수험생들이 AO입시용 대책을 세웠기 때문이다. 그 결과 기초학력은 낮지만 임시변통으로 전두엽 트레이닝을 조금 받은 학생이 일류대학에 들어가게 되었다.

그래서 학생 수준이 낮아졌으며, 사회에서도 AO입시를 통해 대학에 들어간 사람들은 일처리가 크게 떨어져 문제시됐다. 그래서 '얼(A)뜨기도 OK' 입시라며 야유의 대상이 되었다.

'개성을 살린다'는 명목 하에 측두엽, 두정엽보다 전두엽을 단련시킨 수험생들이 대학 입시 후 훌륭하게 창의성을 발휘하거나 지도력을 보일 것으로 기대했지만, 기대와는 달리 걸림돌이 되어버린 것이다.

결국 거의 모든 일류대학이 AO시험을 축소하거나 폐지하게 되었다. 지금은 인기가 없는 대학들이 빨리 입학 내정자를 확보하기 위해 사용하는 수단으로 전락해버렸다. 이런 문제점으로 인해 고등학교까지 측두엽형, 두정엽형 공부를 등한히 하고 전두엽만을 단련하는 것이 과연 의미 있는 일인지 의문시하는 것이 현실이다.

한편 기존 방법대로 시험공부를 해 도쿄대를 나온 후 하버드 비즈니스 스쿨로 유학가거나, MIT로 갔다는 학생이 낙오했다는 소식은 들어본 적이 없다.

다시 말해 기존에 행해지던 시험공부를 통해 측두엽과 두정엽을 단련시킨 뒤 해외 대학원에서 전두엽을 단련시키는 교육을 받은 경우, 그 교육에 적응을 못하는 학생은 매우 드물다. 지금까지 이런 경력의 사람들이 여러 분야에서 활약해 성공했다.

나는 이런 이유에서 전두엽 단련은 고등학교 교육 이후의 이야기라고 생각한다. 초·중등 교육은 철저히 두정엽과 측두엽을 단련하고 지식이나 계산, 도형이나 그래프를 파악하는 기초적인 능력과 상식을 익히게 해야 한다.

전두엽은 그런 뒤에 단련하는 것이 좋다. 계산력과 지식을 함양하는 기초학력 교육은 나이가 들면 들수록 익히기 힘들어지기 때문이다.

이것은 동물의 발생학적 관점에서도 타당한 견해이다. 대뇌는 태아 단계에서부터 측두엽, 두정엽이 먼저 발달하며, 마지막으로 전두엽이 부풀어 오른다. 전두엽에 앞서 측두엽, 두정엽 훈련을 하는 것이 순서상 옳다.

그러므로 대학 입시 후나 사회인이 된 다음에 전두엽 단련을 위한 교육과 연수를 받을 수 있는 시스템을 정립하는 것이 무엇보다 중요하다.

생각이 늙은 젊은이들

 나이가 들면서 전두엽이 위축되는 현상은 생물학적 관점에서 보면 숙명에 가깝다. 하지만 중장년임에도 생각이 젊은 사람들이 더러 있다. 아마 전두엽 사용법, 다시 말해 생각하는 방법에 의해 생각의 나이가 크게 달라지는 것 같다. 평소에 자주 사용하지 않는 기능은 쇠퇴한다.
 앞서 젊을 때 기초학력 공부를 등한히 하면서까지 전두엽만 훈련시키려는 교육법의 병폐에 대해 말했다. 그런데 전두엽을 전혀 사용하지 않아도 문제가 발생한다. 젊은 시절부터 생각도 전두엽도 노화해 기능이 쇠퇴한 사람들이 꽤 있기 때문이다.
 호기심과 의욕 없이, 천편일률적인 생각밖에 하지 못해 "애늙은이!"라는 놀림을 받거나, 중·고생 때부터 "젊은 놈이 노인네 같은 생각만 하네."라는 충고를 받은 적이 있는 젊은이는 생물학적 나이 이상으로 전두엽이 노화한, 생각의 노화가 심하게 진행된 사람일 수 있다.
 예를 들면 아직 20대인데도 TV와 잡지 등의 영향으로 노후를 너무 걱정한 나머지, 월급은 15만 엔밖에 받지 못하지만, 무리를 해가며 저금을 하려는 젊은이가 있다.
 노후에 어느 정도 돈이 필요한지를 계산해보면, 지금의 수입으로 충당하는 것은 당연히 불가능에 가깝다는 사실을 깨닫게 될 것이다. 보통 사람이라면 '어떻게 하면 좀 더 많은 돈을 벌 수 있을까'를 생각하지만, 거기까지는 생각이 미치지 못하는 것이다. 이러한 행동은 바로 '늙은 생각'에 의한 것이 틀림없다.

또 10대 때부터 전두엽을 사용하지 못하는 수험생도 있다. 내가 제안한 시험공부법은 거들떠도 보지도 않고 학교 선생님이 말하는 대로 듣고 따르는 학생들이다. 그들은 지금 자신이 하고 있는 것과 다른 공부법을 보면 '이것도 한 번 따라해 볼까?' 라는 생각조차 하지 않는다. 이 '바꿔 보자' '한 번 시험해 보자' 같은 생각이야말로 전두엽의 발전을 나타낸다.

학교 선생님들 중에는 아마 나보다 더 뛰어난 능력을 가지고 공부를 열심히 했음에도, 지방 국립대학 교육학부밖에 가지 못한 사람들이 적지 않다. 그처럼 젊은 시절부터 전두엽이 노화한 선생님들이 옛날부터 따라해온 낡은 공부법을 학생들에게 그대로 가르친다면, 같은 결과밖에 내지 못하는 것은 당연하다.

도쿄대 입시는 과목도 많고, 깊은 생각이 필요하다. 그 때문에 전두엽을 사용하고 창의성을 발휘해 공부해야만 합격할 수 있다. 하지만 매년 3,000명이나 선발하는 대형 대학이기에 측두엽형, 두정엽형 공부만 한 공부벌레들이 시험에 붙기도 한다.

수험생 시절 전두엽을 사용하지 않고 도쿄대에 들어간 뒤, 교수가 하는 말을 그대로 노트에 옮겨 적어 우수한 성적으로 졸업해 공무원이 되거나 일류회사에 취직하는 경우도 있다.

이들은 옛날이라면 출세한 것이겠지만, 지금 세상에서는 오히려 "도쿄대를 나왔지만 못써먹을 놈"이라는 취급을 당하기 십상이다. 아무리 측두엽과 두정엽이 발달해도 새로운 가치와 부를 창출해내지 못하기 때문이다.

전두엽을 이용하지 못하는 부류는 앞이 보이지 않는 시대를 개척해 나갈 능력이 없는 것이다.

예전에는 "창업 10년, 우리 회사에도 드디어 도쿄대 졸업생이 이력서를 냈다."라며 경영진이 감격의 눈물을 흘린 회사도 있었다고 들었다. 하지만 지금도 그런 회사가 있다면 그 회사의 전망은 밝지 않다.

40대부터도 전두엽 발달을 기대할 수 있다

지금까지 말한 것처럼 생각의 노화는 나이가 비교적 젊은 시기부터 시작되는 경우와, 처음부터 전두엽을 단련하지 않은 경우로 나눌 수 있다.

하지만 다행히도 전두엽은 40대부터도 충분히 단련이 가능하다. 나이가 들어서 작가나 화가, 영화감독이 되어 어느 정도 성공한 사람들이 많다. 젊은 시절에는 측두엽·두정엽형 수재였던 사람이 사장이나 교수가 된 뒤 바뀐 환경에 따라 특별한 발상이 가능해진 경우도 많다.

다시 말해 노화 예방뿐 아니라 발달까지 기대할 수 있다는 점에서 전두엽은 상당히 재미있는 부위이다. 인간의 전두엽은 뇌 전체에서도 가장 큰 부분을 차지한다. "쓸데없이 크기만 하다."라고 말해도 될 정도다. 그러므로 세월과 함께 신경세포가 다소 줄어들어 위축되어도 남아 있는 부분을 단련시키면 큰 문제는 없다.

이전에 요쿠후카이 병원에서 근무하던 시절, 어느 유명 정치가의 뇌 영상을 볼 기회가 있었다. 그 사람은 자신의 나이 이상으로 전두엽 위축이 진행되어 있었지만, 정치가로서의 능력에는 아무런 이상이 없었다. 오히려 독특한 발상으로 젊은이들에게도 인기가 많았다.

이 경우도 전두엽의 남은 부분이 건강하게 발달한 것을 보여주는 사례라고 할 수 있다. 전두엽은 나이가 든 뒤에도 발달을 기대할 수 있는 기관인 것이다.

덧붙여 기대가 되는 점은 앞서 언급한 것처럼 뇌의 일부분만 단련하는 교육이 이루어졌기에 아직 발달하지 않은 뇌 기능이 많다는 것이다. 예를 들면, 사회 경험을 쌓고 나서 더 유연한 생각을 하는 사람이 바로 이 부류에 속할 것이다.

고등학생 때에는 받아들이지 않던 와다식 시험공부법을 어른이 된 뒤에 받아들이는 사람도 있다. 혹은 고등학생 시절까지 학교 선생님이 무서워 선생님 말씀대로 공부해야만 한다고 생각했던 학생들도 있다. 20대까지의 일본인은 전두엽이 전혀 발달하지 않은 사람들이 많은 만큼 이후에 큰 발달을 기대할 수 있다.

때때로 "도쿄대 나온 사람은 쓰지 않는다." "엘리트는 역시 못 써먹겠어." 등의 비판이 제기되기도 한다. 그렇게 말하는 이유들 중 하나는 지금까지의 성공 체험이 강렬하게 남아 있기 때문이다. 성공 체험이 강하게 남아 있을수록 '이 방법이면 할 수 있다'고 생각해 전두엽을 사용하지 않기 때문이다.

성공 체험에 묶여 버리면 유연한 사고력을 발휘하지 못한다는 사실은 앞에서도 언급했다. 이 원리는 사업이나 공부뿐 아니라 모든 분야에 적용된다.

이성에 대한 인기도 그 전형일 것이다. 일반적으로 전두엽이 발달한 사람이 이성에게도 인기가 많다. 젊은 시절에는 잘 생기기만 해도 인기를 누릴 수 있다. 하지만 젊은 시절에 출중한 외모만으로 전성기를 누리던 사람이 40대가 되어 외모가 망가지고 몸가짐도 그르치는 경우를 종종 본다.

반면 외모는 볼품없지만 40·50대부터 이성의 인기를 독차지하는 사람도 있다. 이런 사람은 돈으로는 인기를 살 수 없음을 깨닫고 센스를 몸에 익히거나, 상대방의 이야기를 잘 들어주는 등 나름대로의 노력과 도전을 거듭해 왔을 수 있다.

하지만 이성으로부터 인기를 얻어도, 그 성공 경험에 사로잡혀 같은 방법을 계속 반복하면 다시 인기를 잃을 수 있다. 그러니 인기를 유지하기란 참으로 어렵다.

인간과 동물을
구별 짓는 전두엽

　인간과 동물의 뇌를 비교해 보면, 차이가 가장 큰 것이 바로 전두엽이다. 전두엽이야말로 인간만의 특별한 장기이지만, 많은 사람들은 그것을 제대로 사용하지 못하는 것 같다.
　사람의 전두엽에는 무한한 창조성이 내재되어 있다. 그런데 그것을 거의 사용하지 않는 사람도 있으니 '정말 아까운 장기'임이 틀림없다.
　동물도 훈련을 받으면 어느 정도 간단한 묘기는 한다. 공 타기를 하는 코끼리나 불타는 링 속으로 뛰어드는 사자의 화려한 묘기에서부터 강아지의 손 내밀기나 제자리에 앉는 재주까지. 이 모든 것은 훈련을 통해 가능해지지만, 동물 스스로 묘기를 생각해 내지는 못한다.
　이런 동물에게도 전두엽은 있다. 특히 돌고래나 침팬지는 공을 가지고 스스로 놀기도 하니 어느 정도 인간과 가까운 동물일 수 있다. 하지만 인간의 창조성처럼 고도의 기술은 불가능하다.
　나아가 로봇도 춤을 추거나 바이올린을 연주하는 등 고도의 작업이 가능해졌다. 하지만 무언가를 스스로 할 수는 없다. 이것 역시 로봇에 전두엽 기능이 결여되어 있다는 증거이다.
　인간은 존엄한 존재이기에 동물이나 로봇과 동일선상에 두고 비교할 수는 없다. 그러나 사고나 병으로 전두엽 기능을 잃으면 '그냥 살아있을 뿐'인 상태로 변하는 경우도 있다.

따라서 개그맨이 재미있는 동작을 생각해내거나, 재미있는 콩트를 만드는 행위는 매우 고도의 인간다운 활동이라고 하겠다. 또한 일상생활 속에서도 취미 활동을 즐기거나, 요리법을 생각하는 것은 인간밖에 할 수 없는 행동이다.

전두엽을 젊고 역동적인 상태를 유지하려는 노력은 현 시대에 살아남기 위한 생존 수단 이상으로, '인간다운 삶' '젊음 유지'를 위한 필수요소이다.

제2장

생각의 노화, 그 전형적 증상은?

제2장 생각의 노화, 그 전형적 증상은?

전례 답습은
생각 노화의 전형적 증상

생각이 노화하기 시작할 때에 두드러지게 나타나는 현상이 '전례前例 답습형 생각'이다. 그 이유는 전두엽 기능이 저하되면서 측두엽과 두정엽만으로 정보를 처리하다 보니, 지금까지의 생각법과 성공 체험밖에 생각나지 않기 때문이다.

매일 같은 일을 반복하는 상황에 있는 한, 창의력과 아이디어와 같은 전두엽 기능은 필요 없을 것이다. 하지만 만약 예상하지 못한 큰 사건이 일어나기라도 하면 이야기가 달라진다. 그것을 단적으로 보여주는 것이 위기 대처 능력이다.

최근의 예를 들어 보면 원전 사고 처리 등 동일본 대지진(역주: 2011년 3월 11일 발생)과 관련된 문제, 음식점 육회 식중독 사건 등 큰 뉴스에 나올 법한 사건들을 생각할 수도 있다.

하지만 좀 더 일상에서 일어나는 일들에 초점을 맞출 필요가 있다. 우리가 사는 이 시대는 자신이 다니는 회사 사장이 갑자기 외국인으로 바뀔 수도 있고, 어느 날 자신이나 가족이 교통사고를 당할지도 모른다.

그런 상황이 닥치면 놀라서 쩔쩔매거나, 아무런 조치도 취하지 못한 채 멍하니 있는 자신을 보며, 처음으로 전두엽 기능 저하 즉, 생각의 노화를 느끼게 된다.

회사와 조직은 그처럼 예측하기 힘든 상황에 강한 분쟁 해결사 같은 인재를 두고, 불상사와 문제를 처리하도록 하는 경우가 많다. 그런 사람들의 특징은 해결책을 전례에서 찾지 않는다는 것이다.

주간지 편집장들 중에는 정치가나 연예기획사가 불만을 표출하면, 오히려 기다렸다는 듯이 문제를 풀어나가는, 문제 해결 능력이 뛰어난 사람들이 많다.

이전에 내가 학생 집필자로 일했던 〈주간 플레이보이〉의 편집장 시마지 가쓰히코씨(당시)도 그런 부류의 사람이었다. 예상하지 못한 사건을 통해 새로운 기획을 마구 만들어내는 그의 모습에 나는 여러 번 혀를 내둘렀다.

위기관리의 달인은 전례를 모르거나 무시하는 것이 결코 아니다. 오히려 보통사람 이상으로 전례를 잘 기억하고 있다.

하지만 '이전에 이렇게 해서 잘 해결했으니, 이번에도 이렇게 하자'는 생각은 하지 않는다. '이번 문제점은 이것이다. 이것을 해결하기 위해서는…' 하면서 매번 분석하고, 해결을 위한 방법을 찾고자 반복적으로 생각한다.

　전례는 어디까지나 문제 해결을 위한 참고자료일 뿐 그대로 사용하면 안 된다. 전례를 추상화하고 사용할 수 있는 부분만을 사용해야 한다. 이런 일련의 행동을 관리하는 기관이 전두엽임은 말할 필요도 없을 것이다.

동일본 대지진 대응과
일본인의 생각 노화

　지난번 지진(역주: 2011년 3월 11일 발생) 대책의 경우 지진 직후에 임기응변 능력이 필요했다. 하지만 이와는 반대로 점점 대응이 느려지거나 융통성 없는 일처리 방식이 두드러졌다.

　일본인은 한신 아와지 대참사(역주: 1995년 발생한 지진)를 통해 많은 교훈을 얻었다. 이에 따라 내진 구조의 보급이 진행되었으며, 피해 지역의 자원봉사 활동 방식 등은 이전 경험을 살린 부분이 많았다. 하지만 지난번 지진은 그때와는 달리 쓰나미와 원전에 의한 피해가 너무나 컸기 때문에 복구를 향한 발걸음이 너무나 느꼈다.

1995년 한신 아와지 대참사로부터 16년이 지났으며, 앞서 언급한 것처럼 그동안 일본인 평균연령은 6세 정도 올랐다. 현재는 45세를 넘어설 것이라는 추측까지 나온다.

말인즉슨 일본인 모두가 전두엽 노화형 생각으로 변해 예기치 못한 사건에 대한 대응이 느려졌다는 사실을 암시할지도 모른다. 이것은 정부처럼 '대책을 세우는 사람들'만의 문제가 아니라 일본인 모두의 문제이기도 하다.

예를 들면 일본에는 방사능에 대한 불안감을 고조시키는 사람들이 많다. 지진이 발생한 지 수개월이 지나도 방사성 물질에 오염된 식품·토양 문제가 계속 제기됐다. 당사자인 도쿄전력과 국가의 신용도가 땅으로 곤두박질 쳤기 때문에 불안감을 더 느끼는 것은 당연하다.

이런 상황에서 '위험한가, 안전한가'라는 결론만 듣고 싶어 하는 사람들이 너무 늘어나고 있는 것은 아닐까. 그것은 스스로 생각하려는 의욕이 명백히 결여되어 있기 때문이다.

방사능은 올바르게 알고 두려워하는 것이 중요하며, 무턱대고 기피하는 것은 옳지 않다. DNA에 상처 입힌다는 의미에서는 호흡할 때 발생하는 활성산소도, 자외선도 사실은 동일선상에 있다고 할 수 있다.

자외선으로 말하자면 방사선의 일종인 감마선과 형제 관계이다. 모두 아주 짧은 파장의 전자파(전파)로서 DNA에 상처를 입힌다. 하지만 DNA는 원래부터 자기 회복 기능이 있으며, 설령 세포분열에 의해 불완전한 복제세포가 생겨나도 어느 정도는 면역세포에 의해 파괴된다.

지나친 걱정으로 인해 우울증에 걸리면 면역력이 약해진다. 따라서 극소량의 방사능 때문에 지나치게 걱정하는 것은 오히려 자신의 몸에 해를 가할 수 있음을 생각해야 한다.

히로시마와 나가사키의 피폭자들을 장기간에 걸쳐 조사한 결과에 따르면, 100mSv(밀리시버트)의 방사능에 노출되면 암에 걸리는 사람이 1,000명 당 5명이 증가한다고 한다.

그보다 훨씬 적은 양에 노출된 사람이 이 수치를 보고 '한 명이라도 암환자가 증가해서는 안 된다'고 생각하느냐, '식생활로도 암을 막을 수 있다면, 이번 기회에 한 번 시험해보자'고 생각하느냐에 따라 결과는 크게 다를 것이다.

인생관이나 가치관은 사람에 따라 크게 다르기 때문에 본래 이런 일은 스스로 생각해 대처법을 강구하는 수밖에 없다. '위험한가, 안전한가'에 대한 답만을 타인이 내려주기를 기다리는 것이 가장 위험한 생각이 아닐까.

덧붙여 말하면, 여러 정보를 종합해 응용하고 판단하는 사람보다 정보를 무비판적으로 수용하는 사람이 많아졌다. 이것 역시 전두엽의 기능 저하 때문이라고 할 수 있다.

전두엽 기능을 손상시키는 TV적 가치관

　이런 일본인의 전두엽 기능 쇠퇴와 미발달에는 TV의 영향이 상당히 크다. TV처럼 '답'(꼭 '정답'이라고 단정 지을 순 없다)만을 말하는 미디어를 주로 접하다 보면, 스스로 생각할 필요가 없어져 전두엽 기능이 떨어져 버리기 때문이다.

　언론 매체에 출연해 코멘트 하는 입장에서 말하면, 라디오는 한 코너에서 7~8분 정도를 이야기할 수 있다. 하지만 TV는 인상적인 한마디만 요구하기 때문에, "세 가지 가능성이 있습니다."라든가 "지금까지는 이렇게 생각해 왔지만, 이럴 가능성도 있습니다." 같은 1분 이상의 코멘트는 절대 허용되지 않는다.

　TV에서 사랑받는 코멘트 발언자들은 질문을 받았을 때 순간적으로 재치 있는 대답을 하는 사람들이다. 시청자들은 그 모습을 보고 똑똑한 사람들이라고 착각해 더욱 스스로 생각지 않게 되어 버린다. 전두엽을 사용해 생각하는 일을 피하게 되는 것이다.

　이런 경향은 문자를 주고받는 모습에서, 컴퓨터보다 휴대전화를 많이 쓰는 풍조에서도 나타난다. 논지를 생각해 상대방에게 의사 전달하려고 하기보다, 짧고 간결하게 보내는 데 중점을 둬 메시지를 작성하는 모습이 그것이다.

　최근 인기몰이 중인 트위터 역시 그런 사례이다. 종래의 블로

그에서는 3~4줄의 글도 너무 짧았기 때문에 쓸 이야기가 없는 날에는 아예 글을 쓰지 않았다. 그런 사람들에게 트위터의 등장은 환영할 만한 일이었을 것이다.

짧은 문장으로 적확한 표현을 전달하는 것은 카피라이터와 같은 센스를 필요로 하며, 창조적인 작업이기 때문에 전두엽도 사용한다.

하지만 시종일관 '짐(지금) 중화요리 먹는 중' '짐(지금) 센다이(지명)' '일본 여자축구 대표팀을 보고 용기를 얻었습니다. 감동을 주어 감사합니다'는 식의 틀에 박힌 문장들만 사용하면, 결국 전두엽은 사용하지 않게 된다. 따라서 사고력은 녹슬어갈 뿐이다.

본래 '이건 너무 짧으니 조금 더 살을 붙여보자'는 생각을 통해 이야기를 다듬어가는 생각의 과정이 중요하다. 생각이라는 것은 측두엽과 두정엽에 있는 지식과 기억, 전두엽이 가진 창조성과 의욕이 상호 관계를 이루는 상태가 가장 이상적이기 때문이다.

몇 번이나 반복하지만, IQ 테스트나 TV 퀴즈 방송처럼 측두엽과 두정엽에서 답을 내는 속도 경쟁은 '생각한다'는 의미의 생각이 아니다. 전례 답습형 사고를 하는 사람은 모든 측면에서 빠른 판단과 빠른 결정을 내리는 듯 보이기에, 우수한 사람인 것처럼 인식될 수도 있다. 하지만 실은 어쩌다 같은 사례를 기억하고 있었던 것에 지나지 않는다.

이들은 예상 밖의 돌발 사태에는 꽤나 약한 모습을 보인다. 게다가 이런 타입의 수재는 핑계에만 발군의 능력을 발휘하기에 결과가 형편없다.

생각이 타인과 같아야 안심하는 사람들

　오늘날 많은 학자·평론가들의 경우, 분석은 일류지만 자기 의견은 없거나 약하다. 이들의 분석이 모처럼 훌륭해 의표를 찌르는 해결책을 내놓을 것을 기대해도, 결론은 신통치 않은 경우가 드물지 않다.
　한 예로, 앞서 언급한 책 〈디플레이션의 정체〉는 공표된 데이터를 활용해 '생산연령인구의 감소와 일본 경제의 관계'를 매우 적확하게 풀어 놓았다.
　하지만 그에 대한 해결책 부분이 '세대 간 자산 이동'이라는, 경제학자들이 지금까지 지적해온 이야기로 끝난다는 점은 상당히 아쉽다. 증여세 감소 등으로 세대 간에 자산이 이동한다 해도, 돈을 받은 자식 세대가 "역시 노후가 불안해."라며 돈을 쓰지 않는다면 문제는 그대로 남는다.
　해결 방안 제시는 저자가 할 일의 범주 밖에 있다고 한다면 더 이상 할 말이 없다. 하지만 어떻게 고령자들이 돈을 쓰게 할 것인가에 관해서 나는 저자만의 아이디어를 듣고 싶었다.

전부터 나는 상속세를 100%로 만들어 고령자가 죽을 때까지 돈을 가지고 있어도 손해라는 인식을 주거나, 일정 금액 이상의 금융자산에는 마이너스 금리 같은 금융자산세를 도입해야 한다는 등 아무도 말하지 않는 새로운 주장을 해왔다.

그러면 '반드시'라고 해도 좋을 정도로 "그밖에 어떤 학자가 그렇게 말하고 있나요?"라는 식의 질문을 받는다. 나는 다른 사람이 제기하지 않은 주장이라는 점에 가치가 있다고 생각하는데, 아마 다른 사람들은 그렇게 생각지 않는 모양이다.

일반적으로 전두엽이 젊을 때에는 다른 사람이 하지 않는 말을 생각해내면 기쁨을 느낀다. 그런데 전두엽이 노화하기 시작하면 자신이 한 생각을 유명한 사람이 똑같이 말해주면 안심하게 된다.

예를 들면 자신이 '상속세를 올리면 경기가 좋아진다'는 생각을 하게 되었을 때, '실은 케인즈도 동일한 생각을 말했다'는 사실을 알면 기뻐한다는 것이다. 젊은 전두엽을 가지고 있다면 '먼저 생각한 사람이 있다니…' 하면서 실망할 텐데 말이다.

지금은 인터넷을 통해 선행 연구의 유무를 간단히 알아볼 수 있다. 그런데 미국 학자들은 자신이 개척한 분야와 관련한 선행 연구가 없다면 손뼉을 치면서 기뻐한다. 반면 일본 학자들 사이에 팽배한 생각은 (적어도 의학 부문에서는) '선행 연구가 이루어져 있으니 이것을 좀 더 구체화시키면 논문이 되겠다'는 것이다.

손쉽게 결과 얻기를 바라거나, 결론만 빨리 알고 싶어 하거나,

생각하기를 귀찮아하는 풍조는 업종을 불문하고 일본 사회 전체에 만연해 있다. 또 '15년 불황'이라고 불리며 경기 침체가 장기화한 현대 일본이지만, 기업들은 오로지 똑같은 방법인 해고를 통해 인건비 줄이기에 몰두하고 있다.

그 때문에 국민의 가처분소득이 줄어들고, 불필요하게 시장경제가 위축되고 있다. 그런데도 경영자들은 "국제 경쟁력을 잃어서는 안 된다."며, 하나만 알고 둘은 모르는 사람처럼 인건비 줄이기만 반복하고 있다.

이것도 경영자들이 전례 답습형 해결책밖에 생각해내지 못하기 때문이라고 할 수 있다.

노년의 추한 모습…
전두측두형 치매

현재 치매 환자들 중 5%는 '전두측두형前頭側頭型 치매'일 것으로 추정된다. 이것은 전두엽 노화의 극단적인 예라고 할 수 있다.

이 전두측두형 치매는 '지금이 몇 월 며칠이며 내가 어디에 있는가?'와 같은 방향감각, 그리고 체험한 일들과 그때그때의 감정 같은 사건 기억은 그런 대로 유지하고 있다. 반면 자신의 일임에도 '나와는 상관없다!'는 태도를 보이며, 일명 '생각 게으름증'이라 불리는 언동이 현저히 증가한다.

독특한 점은 '짜인 시간표'를 따르는 행동처럼, 매일 같은 시각에 같은 가게에서 같은 상표의 물건을 사는 등의 행동을 한다는 것이다. 집을 나와 같은 길로 걸어갔다가 돌아오는 것('주회周徊'라고 불린다)도 전두측두형 치매의 특징적 증상이다.

알츠하이머의 경우, 같은 물건을 되풀이해 샀다고 해도, 기억 장애에 의해 집에 같은 물건이 있는 것을 잊어버리기 때문에 상표에까지는 구애받지 않는다. 또 방향감각 장애가 있기 쉽기에 쉽게 길을 잃고 배회하는 일이 종종 생긴다.

전두측두형 치매의 문제점은 측두엽이나 두정엽의 기능이 정상에 가까움에도 불구하고 전두엽 기능만 크게 저하됐기 때문에 감정 제어가 불가능해지는 것이다. 또 생각이 단조로워져 매번 같은 장소에서 같은 것을 먹는 행위가 자주 나타난다.

게다가 욕망을 제어하지 못하기 때문에 가게에서 단것이 눈에 들어오면 손을 내밀어 훔친다거나, 여성의 엉덩이를 보면 만지는 경우가 발생한다. 그럼에도 변명은 제대로 늘어놓는, 현명해 보이는 일면도 있다.

이것은 에너지와 감정 등의 적절한 방향 설정과 제어가 곤란해지는 '탈脫억제'라고 불리는 상태인 것이다.

또 병식病識(현재 자신이 병에 걸려 있다는 자각)이 현저히 결여돼 있는 것도 특징이다.

원래 병식은 정신분열증 환자들에게 사용하던 말이었다. 설명하면 "나를 외계인이 노리고 있다." "귀신 목소리가 들린다."라는 등의 말을 하며, 자신이 이상하다는 생각은 하지 않고 자신의 말을 믿지 않는 주위 사람들을 이상하게 보는 상태를 '병식이 없다'고 한다.

정신분열증 환자는 자신에게 병이 없다고 확신하기 때문에, 이것이 오히려 정신분열증 진단의 결정적 증거가 될 정도로 중요한 증상이다.

알츠하이머형 치매도 비교적 병식이 없는 병 중 하나이다. 가족이 걱정할 정도로 물건을 심하게 잊어버려, 가족이 걱정해 환자를 병원에 데려온 경우는 알츠하이머일 가능성이 높다. 한편, 물건을 심하게 잊어버리는 것을 본인이 자각해 의사를 찾아오는 경우는 노인성 우울증의 가능성이 적지 않다.

전두측두엽형 치매도 앞서 언급한 것처럼 자각 증상이 없기 때문에 본인은 자유분방하게 행동한다. 그 결과 가족과 주위사람들이 환자에게 휘둘리게 된다.

여담이지만, 내가 만든 두 번째 영화는 고령자 간호가 주제다. 대학교수였던 아버지(하시즈메 이사오씨)가 전두측두형 치매에 걸리며, 딸(아키요시 구미코씨)이 간호를 위해 일을 그만두어야 하는 상황을 중심으로 이야기가 전개된다.

내가 이 병을 테마로 정한 것은 이른바 노화 현상이 극단적인 모습으로 나타나는 경우가 있다는 것을 알아줬으면 했기 때문이다.

　고령자가 점점 멍해지고 생각이 없어지며 게다가 충동 억제가 힘들어진다. 이른바 호호할아버지처럼 '좋은 모습'으로 늙는 것이 아니라 주위사람들을 상당히 힘들게 하는 노망이 든 모습을 보인다.

　'내버려두면 나이가 들수록 이렇게 변한다'는 것을 보여주는 것이다. 어떤 의미에서는 상당히 인간적이지만, 나이가 들었을 때의 '보기 싫은 모습'이기도 하다.

〈리어왕〉의 비극은 전두측두형 치매가 원인?

　나는 셰익스피어의 비극 〈리어왕〉도 실은 전두측두형 치매 이야기가 아닐까 하고 생각한다. 아주 간단하게 이야기를 요약하면 이렇다.

　고령의 리어왕이 세 딸에게 나라를 나눠주고 퇴위할 것을 결심한다. 장녀 코네릴과 차녀 리건은 말로만 효녀인 척 하고 영지를 받았다. 반면, 막내 코델리아는 아버지를 향한 깊은 애정에서 사탕발린 말을 하지 못하고 바른 말을 하다가 격노한 리어왕에게 의절 당한다.

영지를 받은 두 딸은 더 이상 아버지에게 볼 일이 없다며 차갑게 아버지를 내쫓아 버린다. 엉망이 된 리어왕은 프랑스 왕녀가 된 코델리아와 재회한다. 하지만 프랑스군이 전쟁에서 지면서 코델리아는 죽임을 당하고 리어왕도 슬픔을 못 이겨 죽고 만다.

비극의 발단은 장녀와 차녀의 사탕발림에 넘어가 코델리아의 진의를 읽지 못한 리어왕의 단순한 생각에 있다. 리어왕은 감정을 잘 제어하지 못했기 때문에 화가 나서 코델리아와 의절하고 그녀를 감싼 충신들까지 추방하고 만다.

본인에게 병식病識이 없기 때문에 망설임 없이 이런 행동을 한 것이다. 〈리어왕〉에는 이렇게 전두측두형 치매의 가능성을 보여주는 이야기가 많이 나온다.

셰익스피어는 코델리아에게도 비극을 불러일으킨 원인이 있음을 시사하는 것 같다고 나는 생각한다. 코델리아가 고령자의 심리를 잘 알고 나름대로 아버지의 마음을 기쁘게 하려고 노력했다면, 그런 비극이 일어나지 않았을 것이다.

물론 그래서는 이야기가 성립되지 않겠지만, 설령 선의라도 '고령자는 자기만족에 빠져 있기 때문에 솔직히 이야기해서는 안 된다'는 메시지가 담겨 있는 것처럼 느껴졌다.

완고해진
자신을 자각하라

가족끼리 매번 가는 장어요리집에 갔는데, 마침 그 가게가 쉬는 날이라면 어떻게 할까?
"아빠, 그럼 다른 가게로 가요."
"난 이 가게가 아니면 안 먹는다."
고령자는 대개 이런 반응을 보일 것 같은 이미지가 있다.
해를 거듭할수록 완고해지고, '그렇게 하기로 정해져 있지 않은가' '이 방법 외에는 다 틀린다'는 둥 다른 사람의 말에 귀를 기울이지 않으며 완고해진다.

나이가 들수록 완고해지는 것은 전두엽의 노화에 의해 감정과 사고의 전환 스위치가 잘 작동하지 않기 때문이다. 하지만 본인은 '요새 내가 완고해졌다'고 자각하지 못한다.

앞서 전두측두형 치매의 특징 중 하나가 병식이 없는 것이라고 기술하였다. 생각과 감정의 억제를 하지 못하게 되면, 여기에 완고함이 더해져 큰 문제로 발전한다. 물건을 훔친다든지, 치한처럼 엉덩이를 만진다든지, 이전 인격으로는 할 수 없는 행동을 하는 등 언동이 명확히 변한다.

주위 사람들이 '이상해졌어'라고 생각해도 본인은 태연하게 행동한다. 주위에서 완고해졌다고 지적해도, "난 아무것도 변하지 않았어."라며 들은 체도 안 한다. 이처럼 생각이 단순화하거나 무엇이든 단정 지으려 한다.

그럼에도 자신의 행동이 강해진 것을 눈치 채지 못하는 사람들이 상당히 많다.

또 젊은 시절부터 좌익이나 반체제적 생각법을 가진 사람들 중에 "난 나이가 들어도 계속 반체제적 사상을 가지고 있다."라며 자랑하는 '완고한 투사'도 있다. 그것은 그저 생각이 단순화했다는 사실을 자각하지 못하는 경우가 많다.

내가 '사람은 40대부터 생각의 노화가 시작된다'고 처음 느낀 것은, 갓 의사가 되었을 무렵 도쿄대 신경과의 '빨간 벽돌 병동'이라는, 신新좌익 계열 의사들이 자율적으로 관리하는 병동에서 연수를 받았을 때였다.

경제버블이 일어나기 전인 1980년대 중반이었지만, 일본이 가난했던 시절과 비교해 전혀 변하지 않은 투쟁 방침에 놀랐던 기억이 있다.

그들에게 "공산당과 신좌익은 대체 뭐가 다릅니까?"라고 내가 묻자, "공산당은 요요기(본부)가 하라는 대로 하지만, 신좌익은 자신의 머리로 생각하고 움직인다."라고 답했다.

하지만 그들도 상부의 명령대로 움직이고, 자신이 거느리는 부하에게는 세세한 부분까지 지시를 내린다. 40대임에도 완전히 노화한 생각을 가진 사람들이 많았다.

우익이든 좌익이든 사상 신조에는 무언가 귀 기울일 만한 가치가 있을 것이다. 하지만 이데올로기에 사로잡혀 완고해졌다면 매우 심각한 문제일 수밖에 없다.

본래 융통성 있는 우익, 융통성 있는 좌익만이 시대와 접점을 가질 수 있고, 일반인에 대한 영향력도 커질 것이다. 예부터 야유 받아왔던 '교조주의'는 생각의 노화 때문임이 틀림없다.

만약 문화인이라면 완고함은 개성을 보여주는 측면도 있을 것이다.

보수 논단에는 '일종의 재주'로 10년을 하루 같이 같은 주의·주장을 펴, 고정 팬을 확보하고 있는 사람도 있다. 말은 비교적 단순하지만 '강경 노선'이면 그 완고함을 주위 팬들이 즐겁게 받아들이는 것이다.

완고함이 환영 받으면 왠지 모르게 기분이 좋아져 본인도 그 반응에 만족한다. 하지만 특별히 완고함을 인기의 도구로 사용하는 입장이 아니라면, 완고함은 단순히 현실에서 도망치는 행위이며 사회와의 관계를 약화시킬 뿐이다.

물론 완고함이 모든 경우에 부적절한 것은 아니다. 장어요리든 초밥이든, '20년 동안 한 가게'만을 고집하는 사람도 의외로 많다. 계속 같은 가게에 다니는 것은 그 가게의 주인과 마음이 잘 맞기 때문이거나, 단골 가게에 가면 마음이 편해지기 때문이라면 마음의 안정이나 정신 건강을 위해 권장할 만하다.

하지만 다른 가게로 눈을 돌려 보면 재미있는 가게가 의외로 많다. 일식집 중에는 30대 젊은 주인장이 멋진 요리를 내놓는 가게들도 늘어나고 있다. 그런 가게들을 모른다는 것은 실로 안타까운 일이다.

40대, 50대로 나이가 들어감에 따라 완고해지는 것은 누구에게나 일어나는 일이다. 그것은 생각의 노화 현상이다. 그런데 그것을 전혀 눈치 채지 못하고 아무런 대처를 하지 않는 것은 문제다. 그러다가 전두엽의 노화까지 진행되는 것은 더 큰 문제이다.

단정 지어야만 성이 차는
인지 퇴행

어린아이들은 아직 상대방의 입장에서 생각할 줄 모른다. 또래 아이들과 사이좋게 놀다가도 '자신만의 세계'가 있기 때문에 갑자기 장난감을 사이에 놓고 싸우곤 한다.

하지만 자기 입장만을 주장하던 아이들도 이런 경험을 반복하며 조금씩 성장한다. 그래서 친구들에게 자기 물건을 양보하며 같이 놀 수 있게 변한다.

또 어린아이들은 TV 방송도 선과 악이 확연히 구분되는 권선징악 형식의 '영웅물'을 좋아한다. 하지만 성장함에 따라 그것에 싫증을 느끼게 되고, 애니메이션이나 드라마 중에 사람의 심리적

갈등을 다룬 이야기에 이끌리게 된다.

이것을 심리학에서는 '인지적 성숙도'라고 한다.

어린 시절에는 사물을 '흑과 백, 전부 아니면 전무all or nothing'로밖에 판단하지 못한다. 하지만 성장과 함께 '흑과 백 사이에 한없이 넓은 회색지대가 존재한다'는 사실을 깨닫게 된다. 사물을 복잡화, 복선화하여 생각할 수 있게 변하는 것이다.

그리고 대학생이 되고 사회인이 되며, 성장함에 따라 인지적 성숙도도 점점 높아진다. '이런 예외도 있구나' '사회생활을 하다 보면 때로는 이치에 맞지 않는 일도 일어나는구나' 등을 점점 알아가면서 이른바 '쓴맛 단맛 다 본' 어른이 되어간다.

애매한 상황을 견디거나, 한없이 많은 회색을 구별하는 능력이 강한 것을 '인지적 복잡성이 높다'고 표현한다. 이것은 다시 말해 인지적 성숙도가 높은 사람인 것이다.

반대로 '흑이냐 백이냐' '선이냐 악이냐' 같은 이분법적 생각과, '당연히 이렇겠지'처럼 단정 짓는 생각 방식은 인지적 성숙도가 낮다고 할 수 있다.

이전에 나는 '내 생각과 모두의 생각이 비슷해야 안심된다'는 생각(시조후레형型), '내가 주역'이라는 생각(메랑코형型)을 가진 사람들의 인간관계와 풍조를 분석한 책을 냈었다. 그런데 "사람을 두 유형으로밖에 나누지 못하는 단순한 생각"이라는 비판을 받았다.

실제로 그 책을 읽어보면 알겠지만, 두 생각은 각각 수직선상의 양극단에 불과하다. 나는 어느 한쪽에 100% 편향된 사람들만 존재한다고 말한 적은 없다.

그것은 말하자면 '시조후레도度 67.2%, 메랑코도度 32.8%'처럼 양극단 사이 어딘가에 자신이 있다는 것과 무한히 존재하는 회색지대를 인식시키고자 하는 의도였다.

생각이 노화하면 다시 어린아이처럼 흑과 백, 전부 아니면 전무로 판단하는 경향이 강해진다.

이것은 비즈니스 현장에서도 자주 접한다. '영업은 아무리 거절당해도 몇 번이고 성의를 보여라' '잔업을 할수록 성과가 나온다'처럼 자신의 경험을 통해 습득한 지식만 정답이라고 여겨 다른 방법을 인정하지 않거나, 주위를 적과 아군으로 나누는 등 이분법적 생각에 사로잡히는 것이다.

아이에서 어른으로 성장함에 따라 인지적 성숙도가 높아졌어도, 나이를 먹음에 따라 인지적 퇴행 현상이 벌어지는 것이다. 회색지대를 인정하지 못하거나, 단정 지어야 성이 차는 생각으로 돌아가는 사람들이 실제로 많이 늘고 있다.

젊은 사람들도 빠지는
경험칙의 함정

"사회는 학교에서 배운 것과 다르다."라는 말을 자주 듣는다. 실제로 사회인으로서 경험을 쌓아감에 따라 '학교에서 배운 것이 올바르며, 배우지 않은 것은 틀렸다'는 단순한 생각에서 벗어나, 인지적으로 성숙하게 된다.

그런데 그 과정에서 '내가 경험하고 배운 것이 절대적으로 올바르다'고 단정 짓는 현상이 일어나기 쉽다. 앞서 언급한 것처럼 40대, 50대가 되어 전두엽이 노화함에 따라 그런 경향은 더 강해진다.

이것이 '경험칙의 함정'이다.

일본에서 '세븐일레븐'을 성공시켜 편의점을 정착시킨 스즈키 도시후미씨는 경험에 따라 단정 짓는 버릇을 깬 에피소드가 많다.

예를 들면, 옛날에는 '겨울에는 아이스크림이 안 팔린다'고 생각했다. 하지만 난방이 대부분 보급된 지금은 사정이 다르다. 그는 겨울에 아이스크림을 판매해, 아이스크림이 겨울에도 잘 팔린다는 사실을 입증했다.

또 소비자는 낮은 가격을 원하기 때문에 '양파 8개 묶음이 298엔' 같은 박리다매 대량 묶음형 판매를 하는 것을 당연하다고 생각해왔다. 하지만 그는 '혼자 사는 사람들은 많은 양을 필요로 하지 않기 때문에 다소 가격이 비싸도 소량 묶음을 편리하다'는 생각을 통해, 편의점 소비자라는 대광맥을 발굴했다.

경험을 통한 단정 짓기는 실제로 젊은 사람들에게서도 일어난다. 스즈키씨가 경영이 기울던 대형 마트 '이토 요카도'를 지휘하던 시절, 의류 점포의 젊은 여점원들에게 "자네들은 여기서 파는 옷을 사는가?"라고 묻자 그들은 "안 삽니다."라고 대답했다.

그들은 '(자신의 취향과는 상관없이) 대형 마트에서 옷을 사 입는 사람은 중장년 아줌마들'이라고 단정 지었던 것이다. 스즈키씨는 "나 자신이 입고 싶지 않은 옷은 팔지도 마라."라며 화를 냈다고 한다.

이처럼 젊은 사람들도 '경험칙의 함정'에 빠져버린다.

하물며 경험이 풍부한 베테랑들은 더 자각하지 않으면 '내가 경험으로 배운 것이 보편적인 진리다'는 생각에 빠지기 쉽다. 자신의 생각을 항상 의심하는 모습보다 "내가 절대로 옳다."라고 단언하는 편이 주위사람들에게 멋있고, 똑똑해 보이는 경우가 종종 있기 때문에 더욱 그렇게 하려고 한다.

하지만 심리학적인 측면에서 보면 학교에서 배운 것을 의심하지 않는 것과, 자신의 경험을 통해 익힌 일을 의심하지 않는 것은 동등한 의미를 지닌다. 그것만 옳다고 생각해 의심하지 않는다면, '단정 짓기'에 빠진 것이 틀림없으며 인지적 성숙도가 낮은 것이다.

그러므로 자신의 경험을 의심하지 못하는 사람은 인지적 퇴행을 겪고 있다고 말할 수 있겠다. 정신연령과 감정연령이라는 말이 있지만, '인지연령'이라는 측면에서 볼 때, 그런 사람들의 인지 연령은 어린아이로 돌아가고 있다고 말할 수 있다.

영화 촬영과 '단정 짓기' 탈출

앞서 말한 두 번째 영화를 촬영하고 나서 느낀 점이다. 일본 영화계는 자금이 부족해지자, 비로소 할리우드의 촬영 방식을 따르는 이상한 경향이 생겼다.

슬레이트라는 도구를 예로 들 수 있다. 카메라가 돌기 시작하면 슬레이트로 소리를 내고 연기자가 연기를 시작한다. 본래 슬레이트는 필름의 틀과 녹음한 음성을 맞추기 위한 도구다. 예전에 녹음부와 촬영부가 전혀 달랐던 시절의 유물이다.

디지털 비디오로 동시 녹음이 가능한 지금은 없어도 상관없는 물건이다.

필름으로 촬영하던 시대에는 카메라를 돌리면 돌릴수록 비용이 커졌다. 지금은 디지털이기 때문에 앞뒤로 여유를 두고 촬영해 연기의 흐름을 만드는 것도 가능하다. 할리우드에서는 예전부터 슬레이트를 사용하지 않는 방향으로 변했다.

그런데 그것이 생리적으로 와 닿지 않는 배우들도 있다. 배우처럼 몸으로 익히는 종류의 일은 머리로는 알고 있어도, 감정적으로 아무리 노력해도 익숙해지기 힘들 것이라고 나는 충분히 이해할 수 있었다.

그렇지만 젊은 배우라면 유연하게 대응할 수 있었다고 생각한다. 할리우드식으로 바뀌었다는 말을 들으면 "그러면 할 수 없지." 하면서 의외로 간단하게 받아들이지 않았을까.

영화계에서 계속 활동하던 사람들 중에는 디지털 촬영을 하게 되면서, 주류가 된 현재의 작은 카메라에 위화감을 느끼는 사람들이 많다. 물론 "기술이 많이 발전했네요."라며 빨리 납득하는 사람도 있다.

젊은 배우들은 '슬레이트 소리가 들려야 몸이 움직인다' '영화 카메라는 커야 좋은 것이다' 같은 과거 상식(단정 짓기)으로부터의 탈피가 비교적 빠르다.

하지만 나이가 들면 들수록 자신이 단정 지은 생각으로부터의 탈피가 어려워진다. 반대로 나이가 들어서도 자신이 단정 지은 생각에서 잘 벗어나는 사람이 있는 것도 사실이다.

그 차이가 생각의 젊음에 있는 것은 아닐까.

공무원은
책임자에 의해 단번에 바뀐다

이번 영화 촬영을 하면서 키타큐슈 지방 사람들에게 큰 신세를 졌다. 나는 영화나 TV 방송 촬영을 전면적으로 지원하는 키타큐슈 '필름 커미션'의 협조를 받았다. '필름 커미션'이란 영화 등의 촬영을 통해 지역 활성화와 관광 진흥을 목적으로 하는 조직이다.

키타큐슈는 일본에서도 그런 활동이 선구적으로 이루어지는 곳이다. 촬영 장소 물색과 섭외, 촬영 허가 신청, 엑스트라 모집, 나아가 방언 지도에 이르기까지 영화 제작에 끝까지 많은 도움을 주었다.

그런데 이 조직은 시청 홍보실이 담당하고 있다. 다시 말해 담당자는 시청 공무원들이다. 공무원이라고 하면 융통성 없고 전례 前例에 집착하는 사람들일 것이라는 인식이 강하다. 하지만 키타큐슈 '필름 커미션' 사람들은 정반대였다.

실제로 구급차와 구급대원들의 협력을 받아 촬영한 장면은 촬영지에서 허가받은 예정 시간을 넘기고 말았다. 하지만 '필름 커미션' 사람들의 설득으로 촬영지 관계자들의 허락을 받고 아무 문제없이 촬영을 끝낼 수 있었다.

이른 새벽부터 늦은 밤까지 휴일도 반납해가며 계속 촬영을 도와주고, 돌발적인 상황에도 잘 대처하며, 최대한 융통성 있게 일을 처리해 주었다. 이렇게 할 수 있었던 것은 '필름 커미션' 사람들이 촬영에 관계있을 법한 조직, 단체, 상점가로부터 주민들에 이르기까지 바로 협력 받을 수 있는 신뢰 관계를 구축해 왔기 때문이다.

들은 바에 의하면, '도시 이미지를 높이는 것이 중요한 시책'이라는 시의 방침에 의해 영화 등 영상 매체의 촬영 유치가 시작되었다고 한다. 고전적인 이미지의 공무원들과는 발상 자체가 완전히 다르다.

이 사실은 설령 공무원이라고 해도 재미있는 시장이나 상사 아래서 일하게 되면 단번에 분위기가 바뀌는 좋은 예라고 생각한다. 생각이 다소 노화한 사람이라도 단정 짓는 버릇을 버리면, 남들보다 빨리 새로운 일에 활발히 적응할 수 있는 것이다.

종래 공업화사회의 성공 패턴으로는 현대 사회에서 더 이상 살아남을 수 없음을 깨달은 회사와 지자체는 지식사회에 잘 적응하는 사람을 책임자로 등용한다. 뇌가 본격적으로 노화하지 않은 사람들로 위를 바꿈으로써 아래도 바꿀 수 있기 때문이다.

반대로 생각의 노화를 촉진시키는 직장도 있다.

분위기에 따라서는 나이가 젊어도 인지적 퇴행이 일어난다. 예를 들어 '지금까지 하던 대로 무난하게 일을 진행하면 된다'는 분위기가 충만한 직장이라면, 조금씩 상황이 악화되어도 아무런 의문을 가지지 않게 된다.

'이런 옷은 진열해 놔봐야 팔릴 것 같지 않네'라는 생각이 들 것 같은 옷만 잔뜩 걸려 있는 의류 매장이 있다. 젊은 사원들 중에 "아무리 그래도 이런 옷은 전혀 안 팔리지 않을까요?"라며 문제를 제기하던 사람들도 결국은 포기한 채 '이 가게는 이렇게 해도 되겠네'라고 생각하게 된다. 이렇게 생각이 바뀌게 된다.

앞서 말한 '내가 하는 방법이 절대적으로 옳다'고 단정 짓는 생각이나 '하던 대로 하는 것이 가장 좋다'는 전례 답습형 생각에다 생각의 노화까지 진행되고 있으면, 책임자나 상사의 방침이 갑자기 변하면 전혀 따라가지 못한다.

이것은 개개인의 능력과는 별개로 뇌기능 그 자체의 문제이다. 의욕이나 호기심, 생각의 유연성 같은 능력을 관장하는 전두엽의 활동이 요구되는 것이다.

주체할 수 없는 호기심을 유지하라

생각이 노화하기 시작할 때, 가장 문제가 되는 것이 호기심 저하이다. 그러니 쓸데없는 것이라도 좋으니 호기심을 가지는 것이 중요하다.

앞서 퀴즈 방송에 나오는 박학다식한 연예인은 그저 지식을 자랑하는 것뿐이라고 부정적으로 말하긴 하였지만, 그래도 잡다한 지식에 폭넓은 흥미를 가지고 있다는 점은 높이 평가할만하다. 그렇게 지식을 쌓기 위해서는 항상 호기심을 가지고 생활해야만 할 것이다.

나도 잡다한 지식이 많기로는 누구에게도 뒤지지 않는다. 에로 영화계의 거장 사사키 다다시 감독과 술자리를 같이 할 기회가 있었다. 그때 내가 에로 영화의 역사를 너무나 잘 알고 있었기 때문에 그 감독이 감탄했다.

흔히 말하는 오타쿠(역주: 한 분야에 열중하는 사람)는 '호기심의 폭이 좁다'는 점에서는 생각이 조금 노화했다고도 할 수 있다. 하지만 그 압도적인 깊이는 호기심의 산물일 것이다.

최근 많은 사람들이 자신이 기차 오타쿠임을 밝히고 있다. 기차 오타쿠는 생각의 노화 예방이라는 측면에서 다른 오타쿠들보다 유리하다고 할 수 있다. 그 이유는 특히 기차 타기를 좋아하는 오타쿠나, 기차 사진을 취미로 하는 오타쿠, 기차 출발 멜로디와 주행음走行音을 녹음하거나 주행 장면을 녹화하는 오타쿠들은 실제로 몸을 움직여 그 장소로 이동해야 하기 때문이다.

기차 오타쿠뿐 아니라 세상에는 여러 종류의 오타쿠가 있다. 라면 마니아라 불리는 사람들은 '고등어로 육수를 만들었다' '왕새우로 육수를 만들었다' 등 새로운 메뉴 정보를 들으면 안 먹고는 못 배기는 충동이 끓어오른다.

이 '주체할 수 없는 호기심'이 중요하다.

호기심이 풍부한 사람은 그것이 무엇이든 흥미로운 것을 찾아 즐기는 것이 특기이다. 예를 들면 구글 어스를 통해 '뉴욕의 이 부분을 하늘에서 내려다보면 어떻게 보일까'라든가 '도쿄 스미다강 상류까지 거슬러 올라가보자' 등 얼마든지 흥미로운 일들을 찾을 수 있다.

그런데 생각이 노화하기 시작하면, 이러한 일들을 시도해보지도 않고 "쓸데없군." "귀찮아." "뭐가 재미있다는 거지?"라며 스스로 멀리한다. 일본인의 안 좋은 특성 중 하나는 자신의 방침을 끝까지 고수하는 사람이 다른 일을 "쓸데없군." 하고 일축하면, 왠지 모르게 멋있게 본다는 점이다.

따라서 환갑을 넘겨 기차 오타쿠로서 희희낙락하며 지방 디젤 엔진 노선을 찾아 돌아다니는 사람이나, 친구의 영향으로 쉽게 취미가 바뀌는 사람은 놀기 좋아하는, 차분하지 못한 사람으로 비춰지기 쉽다.

하지만 그것에는 오해가 있다. 완고한 입장을 고수해 훌륭한 어른처럼 보이는 것보다는, 나이가 들어도 호기심이 풍부한 쪽이 뇌에 더 이롭다. 이른바 성숙함이나 노숙함은 얼핏 좋아 보이지만, 많은 경우 생각의 노화가 가속화하는 것임을 깨닫는 것이 좋다.

스키마…
도식적 생각을 하다

　유연한 발상을 방해하는 것들에 관한 심리학적 용어로는 '스키마schema', '바이어스bias', '자동사고思考' 등이 있다. 이는 생각이 노화하지 않아도 우리 모두가 가지고 있는 생각들이다.
　스키마란 사물에 대해 자기 나름대로 가지고 있는 개념을 의미한다. 복잡한 문제의 답을 스스로 빨리 도출해내기 위한 인지認知의 도식圖式이라고 하겠다.
　예를 들면 다리가 4개이고 높이 50cm 정도의 받침대로서 뒤쪽에 등받이가 붙어있는 것을 보면, 이것이 테이블이 아니라 의자임을 알 수 있는 것도 스키마 때문이다. 또한 글 읽기나 계산 방법, 나아가 '이 문제는 이렇게 보조선을 그으면 간단하게 풀 수 있다'는 판단이 가능한 것도 스키마 때문이다.
　애초에 학교는 인간이 살아가기 위한 최소한의 스키마를 익히는 곳이기도 하다. 한편 '혈액형이 A형인 사람은 성실하다'고 믿는 것 역시 일종의 스키마지만, 그것은 어디까지나 그 사람의 개인적 개념이기 때문에 꼭 올바른 사실이라고 할 수는 없다.
　스키마를 만들면 "이건 뭐지?" 하면서 하나하나 처음부터 생각하거나 헤맬 필요가 없어진다. 다시 말해 사고의 지름길이 만들어져서 편리하다. 하지만 많은 경우 스키마가 있기 때문에 반대로 사물에 대해 깊이 생각하지 않는 경향도 나타난다.

의자를 보고 '어쩌면 이건 테이블로도 쓸 수 있겠는데?'라는 생각이 가능하면, 꽃병과 전화기를 놓는다는 발상에까지 도달할 수 있다. 애초에 테이블이 없고 가구가 의자밖에 없는 상황이라면, 컴퓨터를 의자 위에 올려놓고 자신은 바닥에 앉아 조작한다는 생각이 떠오를지도 모른다. 이것은 '스키마 붕괴'이다.

"융통성 없는 녀석." "응용력이 없다."라는 말을 자주 듣는 사람일수록 스키마가 강하다. 교육과 경험을 통해 몸에 익힌 '이건 이렇게 해야 한다' '저렇게 해서 푼다' '이렇게 반응 한다' 등은 모두 스키마이다.

스키마를 가지고 있다는 것 자체는 나쁜 일이 아니다. 스키마에 묶이지 않고 자유롭게 탈피 가능한가가 문제이다. 생각이 노화하면, 많은 경우 '스키마 이외의 생각이 떠오르지 않는' 상황에 빠지게 된다.

바이어스…
추상적 개념에 의한 편견과 단정

　바이어스는 '편견'이라고 번역하는 경우가 많으며, 스키마보다 약간 부적절한 경우를 일컫는다. "저 사람의 발언은 바이어스가 담겨 있다."라고 말하는 것처럼, 사물을 보는 관점에 잘못된 생각도 포함된 개념을 말한다.

　나아가 바이어스는 '부정적 바이어스'와 '긍정적 바이어스'로 나뉜다. 예를 들어 흑인을 보고 '입이 거칠다'는 견해는 부정적 바이어스이다. '흑인은 리듬감이 좋다' '흑인은 신체 능력이 뛰어나다' 등은 긍정적 바이어스라고 하겠다.

　앞서 '혈액형이 A형이면 성실하다'는 것도 바이어스이다. 스키마와 겹치는 부분이 있지만, '이것은 의자입니다'처럼 처음 본 순간 알아차리는 것은 스키마이며, 바이어스라고 말하지 않는다. 다시 말해 바이어스란 추상적 개념을 단정 짓는 행위라고 생각할 수 있다.

　'여자는 바로 일을 그만둔다' '가정을 우선시하는 남자는 일을 못 한다' 등은 바이어스이다. '요즘 젊은 것들은'이라며 한데 묶어서 말하거나, 단정 짓는 것도 전형적인 바이어스라고 할 수 있다. 인간은 스스로 눈치채지 못하는 사이에 바이어스에 사로잡힐 수 있으며, 한번 만들어진 바이어스에서 벗어나기란 좀처럼 쉽지 않다.

　당연한 현상이지만, 추상적 개념에 대한 편견이기 때문에 예외가 많다. '여자는' '남자는' '요새 젊은 것들은' '일본인은' '미국인은' 등등 한데 묶어서 말해버리면, 대개 잘못투성이가 되어버리는 것이다.

　혹시 '꼭 그렇다고는 할 수 없지만 이런 경향이 강하다' '이런 상황이라면 이렇게 될 확률이 크다'처럼 한정해서 말하면, 바이어스에 사로잡히지 않을 수 있다.

　나이가 듦에 따라 한데 묶어서 단정 짓는 경우가 늘어난다. 앞서 언급한 것처럼 연령과 상관없이 누구나 스키마나 바이어스를 가지고 있다. 그런데 나이 들면서 점차 그것들로부터 벗어나지 못하게 되는 것이다.

　생각의 노화가 무서운 것은, 자신의 경험 중 확률이 높은 것이 스키마나 바이어스가 되는 경우가 많기 때문에 그것이 정확한지를 의심할 수 없다는 점이다.

　편견이나 자신이 단정 지은 것들은 있어도 크게 빗나가지는 않는다. 그러므로 빗나간 경우가 보이지 않게 되는 것이다. '저 녀석은 예외니까' '어쩌다가'로 치부해버리고 자신의 스키마나 바이어스는 일절 건드리려 하지 않는 현상이 발생하기 쉽다.

자동사고…
반사적인 확신

자동사고思考란 어떤 체험에 대해 자동적으로 머릿속에 떠오르는 생각을 말한다.

예를 들면 거리에서 스쳐지나간 여성이 자신을 흘금 볼 때, '기분 나쁘게 생긴 놈이라고 비웃고 있을 게 분명해'라고 생각하거나, 반대로 '저 여자, 내가 마음에 들었나보군'이라고 믿어버리는 경우를 말한다.

혹은 조금 떨어진 곳에서 동료가 상사와 이야기하는 모습을 보고, '저건 내가 일을 못한다고 흉보는 게 분명해'라고 멋대로 충격을 받는 경우도 있다.

그밖에 미인을 봤을 때 '저런 여자가 내 애인이라면 좋을 텐데'라는 생각은 많은 남성들이 머릿속으로 하는 생각일 수 있다. 이와 관련해 인지심리학자나 인지요법 치료사는 '자신의 애인'으로 확신해 의심할 수 없게 된 시점에서, 그것을 자동사고라고 판단한다.

다시 말해 '그럴 수 있어' '그러면 좋을 텐데' '설마' 정도는 누구나 생각한다. 하지만 '분명히 나를 좋아하고 있어'라든가 '분명히 내 욕을 하고 있어'라고 생각하는 사람은 자동사고에 빠진 사람이다.

특히 '나를 싫어하고 있다' '나는 쓸모없는 인간이다' 같은 부정적인 자동사고는 대인관계를 악화시키기 때문에 인간관계가 매끄럽지 못하게 되는 악순환을 낳기 쉽다. 그 결과 더욱 더 낙담하게 되며 우울증에 걸리기 쉽다.

반대로 '꼭 성공한다' '저 여자는 아까부터 나만 쳐다보고 있어' 같은 생각에 빠지는 자동사고도 좋지 않다. 위험성이 높은 곳에 투자했다가 막대한 손해를 입거나, 강간 사건을 일으킬 수 있기 때문이다.

한 가지 현상을 보고 여러 가지 가능성을 유추해 내려는 마음가짐이 중요하다. 그런데 생각의 노화는 이런 자동사고와 같은 상태에 빠지기 쉽게 만든다.

예를 들어 고령자 중에는 자신의 지갑이 잠깐 보이지 않는 것만으로 '아내가 훔쳐갔다'라든가 '옆집에 사는 그 녀석이 가지고 갔다'고 생각하며 소동을 피우는 사람이 있다.

보통의 경우 지갑을 찾지 못하면 "어? 어디다 뒀더라."라면서 먼저 자신의 기억을 되짚어본다. 그런데 이들은 지갑이 없어진 순간에 "도둑맞았다."라고 반응하는 것이다. 이런 망상도 자동사고로 인한 단정 짓기에서 비롯된다.

자신이 가지고 있는 스키마나 바이어스를 의심하지 않게 되면, 심한 경우 자동사고까지 하기 쉬워진다. 이것 역시 생각의 노화 현상인 것이다.

자살은
'단정 짓는' 생각의 종착점

　가정에서도 사회에서도 책임이 무거워지는 40대는 우울증에 걸리는 사람이 늘어나는 시기이기도 하다.
　그 이유들 중 하나는 앞서 언급한 것처럼 40대 이후 세로토닌이라는 신경전달물질 분비가 감소하기 때문이다. 비유하자면, 면역력이 떨어져 감기에 걸리기 쉬운 상태처럼 변하는 것이다.
　그럴 때 '단정 짓기'와 같은 생각에 빠지는 것은 우울증을 부르는 것과 같다. 현재 우울증에 매우 유효한 상담법인 인지요법에서는 '단정 짓기는 우울증을 악화시킨다'고 여긴다.
　앞서 설명한 것처럼, '모두가 나를 싫어한다' '난 이제 틀렸어' '나는 다른 사람에게 폐만 끼치고 있어'와 같은 부정적인 자동사고도 불러일으키기 쉽게 변한다. 그리고 비관적으로 단정 짓는 구조에서 벗어나기 힘들게 된다.
　이것이 우울증을 한 단계 더 악화시키는데, 전두엽이 노화한 사람은 그 단정 짓는 생각이 일어나기 쉬워지는 것이다. 다시 말해 세로토닌 감소 이외에도 전두엽의 움직임(뇌 속 프로그램)이 이상하게 변해 우울증이 일어난다고 생각된다.
　또 전두엽의 기능이 떨어지면 떨어질수록 과거에서 벗어나지 못하게 된다. 지금까지 쌓아온 과거의 기억은 측두엽이 담당하며, 전두엽은 예상 밖의 사태에 대응하거나, 창조적인 활동 같은 미래지향적인 일을 담당하기 때문이다.

따라서 전두엽이 노화하면, 과거의 일들을 계속 떠올리도록 변하는 것이다. 그로 인해 과거를 후회하거나, 이제 와서 자신을 변화시킬 수 있을까를 고민하기 때문에 우울증에 걸리기 쉬워진다.

현재 40~60대는 나이가 들수록 우울증에 걸리기 쉬우며, 증상도 악화되기 쉬워진다. 세로토닌 감소와 전두엽 노화가 함께 일어나면서, 고령이 될수록 자살자도 늘어나는 것이다.

특히 자살은 '단정 짓는' 생각의 종착점과도 같다. '앞으로 절대 좋은 일은 일어나지 않을 거야' '살아봤자 아무런 소용이 없어' '이대로 상황이 안 좋아질 뿐이야' 등등 미래를 부정적으로 강하게 단정 짓고 있기 때문이다. 자살은 그 생각의 결과물인 것이다.

우울증에 걸린 사람에게 물어보니 "열이 39도 정도일 때 느끼는 무기력함이 한 달, 두 달 계속되는 느낌"이라고 말했다. 그 결과 그 상황을 견디지 못하고 자살하는 경우도 있다. 하지만 이런 신체적인 괴로움뿐 아니라 절망이나 비관적인 감정적 괴로움으로 인해 자살하는 경우도 많다.

자신의 미래가 밝을 가능성이 1%라도 된다고 생각했다면, 목숨이 아깝다고 여겼을 것이며 자살을 망설였을 수 있다. 하지만 정말로 절망에 빠지면, 그 가능성이 0으로 변해버린다.

이런 상황 역시 전두엽이 노화했을 때 일어나기 쉽다. 전두엽과 생각의 노화는 우울증 위험성을 높일 뿐 아니라, 실제로 우울증에 걸렸을 때 자살 위험성을 높이기까지 한다.

'그랬구나!' 생각의 위험성

나이가 들면 완고해지는 한편 TV에 자주 나오는 연예인 사회자의 코멘트와, 자신이 신봉하는 사람의 발언을 그대로 받아들이는 경향이 아주 강해진다. 이것은 인지적 퇴행 현상이 주된 원인이다.

사물의 애매한 부분을 분별해내는 능력이 저하된 만큼, 결과나 답을 명쾌하게 정해주는 것에 안심하게 되는 것이다. 상황을 복잡하게 생각하는 능력이 떨어지기 때문에, 미토코몬이 약상자를 보여주면 해결되는 식(역주: 판관 포청천이 작두를 대령해 악인에게 벌을 주는 식)의 권선징악 드라마를 좋아하게 된다.

혹은 뉴스 등의 해설자가 얼핏 듣기에 올바른 것 같은 이야기나 그럴싸한 이야기를 하면, 그냥 그대로 "그랬구나!" 하면서 납득해 버린다.

나아가 '이 사람의 말이라면 전부 믿을 수 있어'라는 식의 생각을 하게 된다. 해설자의 말 가운데 이해되지 않는 부분이 있어도,

"이 사람의 말이라면 뭐든 다 옳다."라는 식으로 납득해버린다.

의외라고 여길 수 있지만, 점쟁이를 믿는 경우를 포함해서 나이를 먹으면 "이렇게 해라!" 하고 정해주는 사람을 통해 생각하는 경우가 많다. 반대로 "이럴 수도 있고 저럴 수도 있다."라며 여러 가지 가능성을 제시하는 사람은 신용을 얻지 못한다.

이것 또한 전두엽 기능 저하 때문이다. 내가 내려야 할 결정을 타인이 대신 내려주는 것을 편하게 느끼는 이런 현상은 바로 생각의 노화 징후이다.

상식적으로 생각하면, 고령사회에 접어든 현대 일본에서는 고령자의 마음을 더 잘 아는 사람이 정치가로서 성공할 것 같다. 그럼에도 생각이 노화하면 무언가를 확실하게 정해주는 사람이 인기가 더 많다.

흔히 말하는 '극장형 정치'가 바로 전형적 예라고 하겠다. 정책 내용을 잘 곱씹어보면 고령자에게 좋지 않은 영향을 미치는 젊은 정치가를 고령자가 지지하는 모습을 볼 수 있는 것이다.

비슷하게 베스트셀러 작가도, TV 유명 사회자나 출연자들도 문제에 대해 단정 짓는 사람들이 인기를 얻는다.

이것 역시 일본인의 평균 연령이 높아진 영향 때문일 것이다. 앞서 언급한 대로 이제 일본인의 평균 연령이 45세를 넘었기 때문에, 국민의 절반 이상은 전두엽 노화가 진행된 연령일 것이다.

또 고령자는 시간이 많기 때문에 여러 가지 강연을 들으러 다니는 사람도 많다. 이런 사람들은 다른 사람보다 호기심과 행동력이 있기에, 본래는 전두엽의 젊음을 유지하고 있는 사람일 것이다.

그런데 강연을 들은 뒤에 입을 모아 "선생님이 하신 강연 정말 좋았습니다!" 하고 크게 납득하는 사람들이 많다. 1, 2시간의 강연만으로 아무런 의심 없이 간단하게 납득해버리는 것은 역시 생각의 노화가 시작된 것이라고 생각할 수도 있다.

나도 강연을 한 후에 "정말 좋은 내용이었습니다. 많은 공부가 되었습니다."라는 말을 듣거나, 내 책을 읽고 "몰랐던 많은 점을 깨닫게 되었습니다."라는 말을 들으면 정말 감사한 마음이 든다.

그렇지만 한편에서는 "너무 간단하게 납득하지 마시길 바랍니다." 하고 말하고 싶어지기도 한다.

나이를 핑계 대지 마라

반복적으로 말하지만, 나이 듦과 함께 전두엽 기능이 저하되면 하고자 하는 의욕이나 호기심을 잃게 된다. 그리고 점점 '새로운 것에 도전해보자'는 기분 역시 생기지 않게 된다.

자신의 외모에도 관심이 없어지기 때문에 '옷은 입을 수만 있으면 된다'는 생각을 가지게 되며 옷차림이나 외모에 신경을 쓰지 않게 된다. 속옷 차림으로 집밖에 나가거나, 늙은이 냄새가 나는 모습으로 변하는 것은 이런 의욕 저하의 영향이 크다.

옛날과 달리 요즘은 아무리 나이가 많아도 멋이나 패션을 즐길 수 있는 시대이다. 게다가 젊음을 되찾을 수 있는 여러 가지 기술이나 안티에이징 방법도 발달했기 때문에 '한 번 해보자'는 생각을 하느냐 마느냐에 따라 차이가 크게 벌어진다.

"내 나이에 뭘 하겠어. 그냥 이렇게 살지." 하고 체념한 사람과 '하나하나씩 하지 않게 된' 사람을 포함해, 이런 경향을 '노숙하다'는 말처럼 바람직하다고 생각하기 쉽다. 하지만 이것 역시 의욕 저하이며, 생각의 노화 현상의 일환으로 봐야 한다.

의욕이 노화하여 호기심이 없어지면 책을 읽지 않게 변하거나, 맛있는 음식을 먹으러 외출하지 않게 된다. 몸 움직이기를 귀찮아하며, 이성에게 인기를 얻고자 하는 마음도 없어진다. 이것 모두 전두엽 기능 저하의 징표이다.

40대 이후에는 생리적인 측면에서 전두엽 기능이 조금씩 저하되기 때문에 이런 귀찮아지는 생각이 조금씩 커지기 시작한다. 하지만 스스로 의식하지 못한 채 그대로 내버려둔다면 노화가 더욱 가속화되는 악순환에 빠지게 된다.

여기서 주의해야 하는 것은 20·30대 가운데도 생각의 노화가 진행 중인 사람이 있다는 것이다. 이런 사람들은 생각(전두엽)이 아직 완전히 노화하지 않았다면 다시 생각과 뇌의 젊음을 되찾을 수 있다.

예를 들면 대학에서 특이한 교수의 수업에 들어간다든지, 회사에서 넘치는 아이디어를 내는 선배가 있는 부서로 이동을 하는 등 지금까지와는 다른 좋은 환경에 둘러싸이면, 사람은 크게 바뀔 수 있다.

혹은 앞서 언급한 것처럼 사장이나 시장과 같은 최고 결정권자의 방침이 바뀜으로 인해 생각과 뇌의 젊음을 되찾는 경우도 있다.

혹시 이 책을 읽고 있는 독자가 20·30대라면 지금부터 생각의 노화를 막겠다는 다짐이 무엇보다 중요하다. 설령 40대 이상이라 할지라도 이 책을 읽고 있다는 사실을 생각해보면, 의욕이나 호기심이 완전히 저하되었다고는 할 수 없을 것이다.

다음 장에서 알려주는 방법으로 생각 습관을 바꾸고자 하는 의지가 있고, 실천할 수 있는 사람이라면 아직 가능성이 있다.

제3장

생각의 노화,
지금부터라도 **극복**
할 수 있다

제3장 생각의 노화, 지금부터라도 극복할 수 있다

변화를 즐기는
일상생활에 유념하라

　지금까지 설명한 것처럼 전두엽을 '변화에 대응하기 위한 뇌 부위'라고 생각한다면, 생각의 노화를 막기 위해서는 '변화를 싫어해서는 안 된다'는 것을 알 수 있다.
　일상 업무에는 두정엽과 측두엽이 주로 사용되나, 예상외의 일이 일어날 때에 활발히 움직이는 부위는 전두엽이다. 따라서 일상생활에서도 변화를 두려워하지 않는 마음가짐으로 생활하면, 전두엽을 의식적으로 움직이게 해 생각의 노화를 막을 수 있다.
　예를 들면 '오늘은 매일 역까지 걸어가던 길이 아닌 다른 길로 가보자' '다음부터 자전거로 출퇴근해보자' '오늘 점심은 지금까지 가본 적 없는 곳에서 먹어보자' 등등 사소한 부분에서부터 바꿔볼 수 있다.

혹은 주식을 가진 사람은 급격한 엔고高 현상으로 인해 자신의 주식 가치가 떨어지면, 금전적으로는 좋지 않은 상황에 처한다. 하지만 '이 상황에 어떻게 대응할 것인가' 하고 생각할 수 있는 기회로 삼고, 오히려 기쁘게 그 상황을 맞이할 수 있다. 회사에서 근무하다보면 개인적으로 금전적 위험을 감수하는 일이 별로 없기 때문에 그 진지함이 다를 수밖에 없다.

투자나 연애는 예상외의 변화가 자주 일어나기 때문에 평범한 일상 속의 자극제로 받아들이면 생각의 노화에 강하게 대항할 수 있게 된다. 그런 측면에서는 가족이나 주위 사람들에게 피해를 주지 않는 한도 내의 가벼운 도박도 도움이 될 수 있다.

또 "개인병원 의사는 치매에 걸리지 않지만, 대학병원 의사는 치매에 걸리기 쉽다." "융통성 없는 사람은 치매에 걸리기 쉽지만, 유연하고 임기응변이 가능한 사람은 치매에 걸리지 않는다." 라는 말이 있다.

이런 말들은 공통적으로 변화에 유연하게 대응하는 능력이 생각의 노화 방지에 빼놓을 수 없는 요소임을 지적한다.

게다가 재해나 사고 등 예상외의 상황에서 발휘되는 대처 능력이 인생의 명암을 갈라놓기도 한다. 생각의 노화나 전두엽의 기능 저하가 일어나고 있으면 자신의 안전조차 위태로워질 수 있다.

지난번 동일본 대지진 때에 수도권에서는 전철 같은 교통기관이 전면적으로 운행 중단돼 도보로 집에 돌아가야 하는 이른바

'귀가 난민'이 많이 생겼었다.

그때 바로 운동화 가게로 달려가 걷기 편한 운동화를 구입한 여성이나, 자전거 가게로 달려간 비즈니스맨도 있었다. 하지만 어떻게 하면 좋을지 몰라 망연자실한 상태로 생각의 정지를 초래한 사람들도 적지 않았을 것이다.

지진 당일뿐만 아니었다. 이후에도 지진 때문에 많은 예상외의 사건들이 일어났다. 공업지역 화재로 인해 '연기 때문에 비에 유해물질이 섞여 있을 수 있으므로 비를 맞으면 위험하다'는 허위 정보 메시지도 많았다. 원전 사고가 일어나 한때 도쿄에서도 "수돗물은 위험하다."라는 말이 있었다.

갑자기 마련된 '계획 정전' 발표에 따라 전철 운행이 대폭 줄었다. 따라서 출근을 위해 얼마간은 지혜나 자기 결단력이 필요했다.

이런 상황에서 '어떻하지' '이것 참 곤란하네'라는 느낌을 통해 무언가 해야겠다는 대응 능력이 생겨나며 행동하게 된다. 전두엽이 활발히 움직인다면 '좋아, 어떻게든 극복해보자'는 의욕이 솟아나 적절한 아이디어를 낼 수 있다.

불평보다
대책을 생각하라

  그러므로 무엇이든 '변화는 기회다' '변화는 기뻐할 일이다'는 생각을 가져야만 생각의 노화를 방지할 수 있다.

  한 가지 예를 들어 보자. 지금 여론은 "민주당 정권은 더 이상 안 된다."라는 비난이 끊이질 않는다. 나 또한 그렇게 생각한다. 하지만 '자민당 집권 시절과 다르다'는 것은 사실이다.

  가령 자민당 장기 집권 시절은 지역 국회의원 비서에게 뭐든 부탁하던 시대였다. "속도 위반으로 면허가 정지될 것 같아. 어떻게 좀 안될까?" "아들을 그 학교에 입학시키고 싶은데…." 등 선거 지원에 대한 대가로 개인의 편의를 봐준 것이다(당연히 범죄이지만). 그런 일들을 불가능하게 만든 것만 해도 큰 변화이다.

  하지만 지금까지 해오던 대로 하지 않으면 대부분의 인간은 불평을 하곤 한다. 노인이 불평을 많이 늘어놓으며 "내가 젊었을 땐 이렇지 않았는데…."라고 하는 것 역시 변화에 대응을 하지 못하기 때문이다.

  '그러면 어떻게 대응해야 할까' 하고 머리를 써서 해결책을 생각해내지 않는다면 인간은 늙어갈 뿐이며 사회도 정체되고 만다. 그러므로 나는 "불만을 말할 시간에 생각을 하라."라고 강조하고 싶다. 앞서 언급한 것처럼 우리는 변화에 의해 곤란한 일이 생기면 해결책을 생각해 여러 노력을 기울인다.

물론 사전 계획으로 준비할 때에 지혜를 짜낸다. 그럼에도 예상외의 사태로 "큰일이네, 어쩌지!" 하는 상황에 실제로 처하게 되면, 꼼짝없이 머리를 최대한 굴리게 된다. 그때 뇌의 기본 성능을 적극적으로 활용하게 된다.

전두엽은 그 기본 성능을 규정하는 곳이라고 할 수 있다.

실제 지난번 지진을 계기로 모든 원전을 사용할 수 없을지도 모른다는 생각에서 많은 사람들이 처음으로 "태양열 전지를 설치하자." "풍력이나 지열地熱 발전은 어떤가?" "다른 전력 생산법은 없는가?"에 대해 진지하게 생각했다.

간 나오토 총리(당시)는 사전 협의 없이 갑자기 정상회담에서 "1,000만 세대의 가정에 태양광 발전 패널을 설치한다."라는 말을 꺼내 비난을 받았다. 원전 사고가 없었으면 자연에너지가 이렇게 진지하게 논의되지는 않았을 것이다.

특히 일본인의 경우 '필요는 발명의 어머니'보다 '부자유不自由는 발명의 어머니'라는 말이 더 어울린다.

예를 들면 일본 의학계는 오랜 기간 동안 뇌사 이식이 금지돼 왔기 때문에 인공심장 개발이나 생체간 이식 등 뇌사 이식을 전제로 하지 않은 여러 가지 의료 기술이 발달했다.

뇌사 이식 금지를 비판하는 사람은 많았지만, 실제로 뇌사 이식이 허용된 후에도 연간 10명 정도만이 도움을 받고 있다. 게다가 뇌사 이식을 할 수 없었던 시절부터 생체간 이식은 빈번히 행해지고 있었기 때문에 일본은 높은 수준의 생체간 이식 기술을 가지게 되었다. 그것이 뇌사 이식보다 100배나 많은 사람들의 목숨을 구해 왔다.

생체간 이식은 건강한 기증자의 몸에 상처를 내기 때문에 어느 정도 위험성이 있는 것도 사실이다. 하지만 어린 아이에게도 시술이 가능하며, 대부분의 기증자가 근친이기 때문에 거부반응이 적다는 특징도 있다. 많은 장점을 가진 치료법인 것이다.

한편 심장 이식이 사실상 금지됐던 시절에 일본 인공심장은 내구성을 포함한 모든 측면에서 세계 최고 수준이었다. 그런데 뇌사 이식이 허용된 후로 일본 내에서도 심장 이식이 시행되었으며, 인공심장의 기술 진보는 눈에 띠게 더디어졌다. 역시 '부자유는 발명의 어머니'라고 하겠다.

과거 두 번의 석유 파동에 의한 '에너지 위기'를 경험한 뒤 일본의 에너지 절약 기술은 세계 최고로 발돋움하였다. 역경에 처한 일본인은 창의적 연구에 신비한 힘을 발휘한다. 그런 부분에서는 생각의 노화를 느낄 수 없다.

또한 포르노처럼 별것 아닌 분야에서도 예외가 없다. 포르노가 전면적으로 허용되지 않는 일본은, 1970년대 잇카츠사의 포르노로부터 최근의 소프트 온 디멘드Soft On Demand사의 포르노, 요요기 다다시 감독의 성인용 비디오에 이르기까지 '합법적 포르노'를 만들기 위한 노력이 외국과는 비교할 수 없을 만큼 활발했다.

욕망에 충실한
생활이 중요하다

젊은 시절에 비해 40대, 50대로 나이가 들수록 욕망도 약해진다. "무작정 일하면서까지 출세하고 싶지 않다." 하며 출세욕과 지배욕이 적어지고, 식욕과 성욕도 저하된다.

게다가 전두엽 기능이 저하되기 때문에 사물에 대한 집착도 없어진다. 사리사욕을 버린 사람이라며 좋게 보는 경우도 있지만, 이른바 '생기를 잃은 노인'을 향해 나아가고 있는 상황에 불과하다.

욕망이란 인간의 삶을 위한 본질적인 에너지원이다. 노령에 접어들었다고 해서 욕망을 억제해서는 안 된다. 무리하게 참고 억제하면 점점 '아무 일도 하고 싶지 않다' '무슨 일을 해도 재미가 없다'고 생각하는, 의욕과 호기심을 잃은 노인이 되고 만다.

그 중요한 욕망을 제어하는 부위가 바로 전두엽이다. '사용하지 않으면 망가지는 곳'은 기본적으로 다리나 허리뿐이 아니다. 뇌도 마찬가지이다. 애초부터 욕망이 없어 욕망을 제어할 기회조차 없으면 전두엽의 노화는 빨라진다.

인간의 욕망은 무언가를 열심히 생각게 하거나, 의욕을 불러일으키는 등 가장 강력한 동기 부여 수단임이 틀림없다. 식욕이든 물욕이든 성욕이든 욕망에 충실히 살아가는 것이 전두엽을 자극하는 가장 강력한 방법이다.

'맛있는 음식을 먹고 싶다' '예쁜 여자랑 같이 길을 걷고 싶다' '다른 사람들로부터 존경받고 싶다' 등 무엇이든 상관없다. 자신의 욕망에 정직해지는 것이 생각의 노화를 막는 데 중요한 것이다.

물론 그저 욕망에 몸을 맡기라는 말은 아니다. 욕망에 따라 제멋대로 움직이는 사람은 앞서 말한 것처럼 '전두측두형 치매'에 걸린 사람처럼 도둑질이나 성추행을 일삼는 '망령난 노인네'가 되어버린다.

이렇게 말하면 "불륜을 인정하는 것이냐?" "도둑질을 해도 좋다는 것이냐?" 하고 힐난하는 사람이 있을 것이다. 당연히 사회의 기준에 합당한, 절도 있는 행동이 필요하다. 하지만 적어도 자신의 욕망에 정직해지는 것이 생각의 젊음을 위해 중요한 일임을 알아주었으면 한다.

더 자세히 말해 보자. 예를 들어 끌리는 이성과 밥을 함께 먹는 것도 불륜이라고 생각하는 사람이 있는 반면에 섹스를 하지 않는 한 불륜이 아니라고 생각하는 사람도 있다.

불륜의 정의는 사람에 따라 다르기 때문에 무작정 권하는 것은 아니지만, 자신의 욕망을 억누르며 '아내 이외의 여성과는 밥조차 같이 먹지 않겠다'는 엄격한 규칙을 만들어 자신을 가둬두면, 전두엽의 자극이 부족한 생활이 되어버린다.

대지진 이후 '이런 시기이니까 전기를 절약해야 한다' '피해지역이 고생하고 있을 때에 노는 것은 그만두자' 등 자숙하는 분위기가 만연하다. 그렇지만 이런 분위기가 지속된다면 전두엽이 자극 받지 않는 생활이 되어버린다. 그런 생활은 과연 좋은 생활일까? 자신에게도, 경제적으로도 분명 도움이 되지 않는다.

또한 인간에게는 가지각색의 욕망이 있기 때문에 앞서 언급한 것처럼 출세욕이든 지배욕이든 금전욕이든 자신에게 솔직해질 필요가 있다.

하지만 조심해야 할 점이 있다. 금전욕의 경우 '돈을 더 많이 벌고 싶다'는 생각은 좋지만, 단순하게 '예금통장의 금액이 커졌다'며 기뻐하는 것은 전두엽과 그다지 상관이 없다.

그것보다 "저 명품시계를 가지고 싶다." 같은 직접적인 물욕이 전두엽에 더 자극할 것이다. "언제까지 명품 운운할 거냐." "그 나이 먹고 부끄럽지도 않냐."라며 백안시하는 사람이 있을 수 있겠지만, 비난할 일은 아니다.

'나는 물욕이 강하다' '성욕이 줄어들지를 않는다' '계속 출세하고 싶다' '나는 왜 이렇게까지 먹는 일에 돈을 사용할까' 하고 고민하는 사람이 있을지 모른다. 하지만 이런 강한 욕망은 결코 나쁜 것이 아니다. 욕망에 의해 강한 자극을 받음으로써 전두엽도 젊은 상태를 유지할 수 있는 측면이 크다고 생각되기 때문이다.

나아가 이러한 욕망을 만족시키기 위해 내가 어떻게 하면 될지를 진지하게 생각하게 된다. 바꿔 말하면 이것이 생각의 노화를 막는 것이다.

'식비에 얼마만큼 내 용돈을 할애할 것인가' '이 수량 한정 상품을 꼭 사고 싶다' '저 사람이 좋아할만한 데이트 코스는…' 등 설령 다른 사람들에게서 "쓸모없는 짓"이라는 말을 들어도 신경 쓰지 않고 머리를 쓰는 것이 가능할 것이다.

한편 젊은 시절에는 배낭을 매고 세계 여러 곳을 여행하던 사람이 나이가 들자 여행사에서 제공하는 패키지 여행을 즐기는 경우도 늘어나고 있다. 생각이 노화하면서 손이 가는 일이 귀찮아지기 때문이다.

욕망 역시 자기 특유의 취향을 강하게 유지하는 편이 나이를 먹어도 '귀찮다'는 생각을 적게 하게 만든다.

비평 습관은
최고의 생각 트레이닝

앞 장에서 말한 것처럼 타인의 말에 간단하게 납득하는 것은 생각의 노화가 진행되어 있기 때문이다. TV 프로그램의 해설이나 새 책에 대해서도, "그랬구나!" 하고 간단하게 납득하는 것은 그만둬라.

옛날 중·노년층은 TV를 향해 자주 불평불만을 구시렁대는 이미지가 있다.

내가 간사이 지방에 살았기 때문인지, 식당에 가면 TV를 향해 "세금을 올리면 생활이 좋아진다고? 바보 같은 소리 하네." "멀끔하게 차려입고 잘난 척만 하고 있네." 등등 불평을 늘어놓는 아저씨들이 많았다.

"NHK에서 한신(일본 프로야구팀)이 졌다고 하는데, 거짓말 아니야? 다른 채널에서는 이겼다고 하는 거 아니야?"라는 농담을 할 정도로 TV를 보면서 트집 잡는 모습은 당연한 광경으로 기억한다.

이발소에 가면 "OO는 이렇게 말하는데, 내 생각은 좀 달라." 하면서 TV나 라디오 해설자의 의견에 대한 자신의 생각을 말하는 중·노년이 일본에 많이 있었다.

이런 비평적인 자세는 생각 습관이라는 측면에서 상당히 중요하다. 비평가들의 명확한 판단에 "그랬구나!" 하면서 납득하는 것은 생각의 노화이다. 따라서 "정말 그런가?" 하면서 의심하고 반론함으로써 생각하는 습관이 생긴다.

지금은 인터넷이 보급돼 있기 때문에 어렵지 않게 통계수치까지 찾을 수 있다. 예를 들면 '옛날보다 소년 범죄가 늘어난 것을 볼 때, 아이들이 잔혹하게 변하고 있다'는 견해가 이상하다는 생각이 들면 스스로 통계 데이터를 확인하면 되는 것이다.

그런데 지금은 비평 습관 자체가 희박해진 것 같다. 최근 택시 운전사들도 "비트 타케시가 이런 말을 했어. 역시 날카롭더군." "미노몬타가 아침에 이렇게 추궁하더라고." 하면서 주로 긍정적인 이야기를 한다. "난 그렇게 생각하지 않아." 같은 말을 하는 사람은 많이 줄어든 인상을 받는다.

옛날이라면 "한 번 출연하고 수백만 엔씩 받아가는 사람들이니 저런 말이나 하지." 하면서 불평 한마디쯤은 했던 것 같다. 그런데 TV 출연자의 말을 곧이곧대로 받아들이는 사람들이 많아진 것이 요즘 현실이다.

지난 40년 동안 일본인의 평균연령은 30세에서 45세로 급격히 상승했다. 이 때문에 타인이 전해주는 정보를 비평하는 것보다 그대로 받아들이는 것에서 편안함과 안정감을 더 느끼는 사람이 많아진 듯하다.

생각의 노화를 막기 위해서 어떤 일에도 "그렇구나!" 하고 납득할 것이 아니라 의식적으로 비평을 해야 한다. 모든 일에 불평을 늘어놓고 불만을 표현하라는 뜻은 아니다. '말이 지나친 것 같은데' '예외도 분명히 있을 거야' 등 마음속으로 의문을 품는 정도로도 충분하다.

양자택일 논의나
한 가지 답에 만족하지 마라

지난번 원전 문제를 둘러싸고 양자택일을 강요하는 논의가 상당히 많이 진행되고 있는 것에 신경이 쓰인다.

다시 말해 '원전은 위험하기 때문에 즉각 폐기하라' 대 '일본경제에 원전은 꼭 필요하다'와 같은 양자택일. 혹은 '방사능은 극소량이라 할지라도 위험하다' 대 '극소량의 방사능은 신경 쓰지 않아도 된다' 같이 처음부터 '흑이냐, 백이냐'의 대결 구도.

여기에는 문제의 절충점을 찾고자 하는 발상이 결여돼 있다. '조금씩 줄여서 장기적으로 모두 폐기하자'는 절충안을 만들어, 몇 년 안에 폐기할 것인가를 토론할 수도 있을 것이다. 그런데 '전부 폐기냐, 전부 유지냐'만 가지고 대립하고 있다.

나아가 원전 가동을 중지했을 때의 대체에너지 문제를 놓고 처음부터 태양광 발전, 풍력, 수력, 화력 등 지금까지 존재해온 방법으로 논의를 계속하고 있다. 열로 사용한다면 태양열 에너지 이용을 좀 더 이야기해도 좋을 것이다.

여러 가지 아이디어를 수집하고 선택의 폭을 얼마든지 넓힐 수 있을 것이다. 그런데 내 눈에는 어떻게든 선택의 폭을 좁히려고 하는 모습으로밖에 보이지 않는다.

예를 들면 경연대회를 열어 아이디어를 모집한다면 당초의 상상을 뛰어넘는 아이디어가 나올 가능성도 분명 존재한다. 최종적으로 한 가지 아이디어를 정한다고 해도, 생각 과정에서는 가능한 한 많은 답을 준비해두고 검토하는 편이 좋다.

또한 최소한의 아이디어를 생각해 내면 그것으로 만족해버려 다른 아이디어를 내지 못하게 되는 경우가 종종 있다. 이것 역시 생각의 노화를 불러온다. 한 가지 답으로 만족하지 않고 가능한 한 많은 답을 내려는 노력이 필요하다.

내가 알고 지내는 편집자는 신입사원 시절에 이런 일을 겪었다고 한다.

주간지 편집부에 배치되었을 때의 일이었다고 한다. 매일 밤 철야 업무를 처리해 기진맥진해 있는 상황에서 선배로부터 "내일은 기획회의가 있으니까 기획을 50개 준비해 둬."라는 말을 들었다.

밤을 새가며 필사적으로 노력했지만, 20개밖에 생각해내지 못했다. 다음날 선배에게 제출하니 화는 내지 않았지만 "그럼 내일까지 다시 50개 만들어 와."라는 말을 들었다.

또 20개 정도밖에 제출하지 못했는데 "그럼 또 50개 해 와."라는 말을 또 들었다. 이런 날이 한동안 이어졌기에 '그 선배는 날 괴롭히려고 일부러 이런 일을 시키고 있는 것이 분명해'라고 확신했다고 한다.

신출내기 카피라이터도 "내일까지 카피 100개를 준비해 둬."라는 숙제를 받았다는 것이다.

제3장 생각의 노화, 지금부터라도 극복할 수 있다 135

아무리 사소한 내용이라고 해도 많이 발상하는 것은 이런 기획일의 기본 훈련인 것이다. 50개나 100개가 아니더라도 어느 정도 많이 준비하려고 하면, 억지로라도 생각을 유연하게 만들어 여러 가지 아이디어를 내지 않으면 채울 수 없다.

예를 들어 아이디어 30개를 내려고 해도, 평소 자신의 의견이나 전문 분야만으로는 채우기가 힘들다. 그러므로 자신과 다른 반대 입장에서도 아이디어를 생각하게 된다. 이것 역시 다른 가능성을 생각해보기 위한 연습으로 유효하다.

자신의 스키마를 의식하고
다른 방법을 생각하라

일 경험이 많은 베테랑은 자신도 모르는 사이에 '이 상품의 판매 방법은 이것이 가장 적당하다'는 자신만의 방식을 가지고 있다. 익숙해지면서 기계적으로 변하는 경우가 많은데, 그 사실을 자신이 의식하느냐 의식하지 못하느냐가 중요하다.

예를 들면 '이전에 성공한 방식대로 방문 세일즈를 했는데 실적이 오르지 않았다'와 같은 경우, '옛날에는 이렇게 해서 잘 팔았는데, 지금은 더 이상 방문 세일즈 자체가 시대에 뒤처진 방법일 수 있겠군' 하는 생각이 가능해야 한다.

이것이 스키마임을 깨닫는다면, 다른 방법을 고안하기 위해 노력할 것이므로 당연히 다음 상황도 변하게 된다. 하지만 현실은 "왜 옛날의 성공 패턴이 지금은 통하지 않는가?"처럼 스키마 자체를 의심하는 경우가 적다.

"요즘은 불경기라 그런가?" 하며 납득해버리는 경우가 많다. '잘 풀리지 않는 이유는 경기가 안 좋기 때문이다'는 이런 생각 또한 스키마이다. 불경기에도 돈을 잘 버는 사람과 회사가 존재하기 때문에 '불경기 때문'이라고 일축할 수 없는 것이다.

혹은 "공부만 하고 있으면 인간성이 나빠진다."라고 말하는 사람이 있는데, 이것 역시 스키마의 일종이다. '같은 공부벌레인데 인간성이 나쁘지 않은 사람도 있다' 혹은 반대로 '공부벌레도 아닌데 인간성이 나쁜 사람도 있다'는 사실을 생각해보면, 당연히 왜 그런 경향이 생기는지를 생각해봐야 한다.

스키마 중에 가장 좋지 않은 것은 단락적短絡的으로 이유를 단정 지어버리는 것이다. 그렇게 되면 생각이 그대로 멈춰버린다. 좀 더 제대로 생각하는 것이 상식인 중요한 문제를 깊이 있게 생각지 않게 만들어버리기 때문이다.

그러므로 계속 강조하지만 일단 자신의 스키마를 의식해야 한다. 의식하고 있다면 대안을 만들 수도 있다.

예를 들어 '방문 건수를 늘리면 늘릴수록 잘 팔린다' '가격을 낮추면 잘 팔린다'는 잘못된 스키마를 깨달았다면, 다음부터는 느닷

없는 방문 판매에 총력을 기울이지 않고, 저가 정책에 의존하지 않는 방법을 찾기 위해 노력할 것이다.

정반대의 고급화 정책을 사용한다거나, 인터넷 판매를 시도해 볼 수도 있다. 지금보다 판매 루트를 짧게 만들어 더욱 더 사기 쉽게 만드는 아이디어도 나올 수 있겠다.

하지만 스스로 스키마를 눈치 채지 못하는 한, 일단 아무 일도 하지 않는다. 이 차이가 상당히 크다.

"나는 젊은 사람들의 의견에도 귀 기울이고 있습니다."라고 자랑하는 노인들을 종종 본다. 젊은 사람의 말뿐 아니라 나이든 사람의 의견에도 귀를 기울여야 한다.

젊은 사람의 의견만을 중시하다보면, 그 의견을 이해하는 자신의 생각도 젊다는 착각에 빠질 수 있다. 하지만 그것 역시 한 가지 관점에만 굳어진 것일 뿐이다.

이처럼 사물을 복잡하게 생각하기 위한 노력을 싫어하고, 단순하게 생각하려고만 하면 인지적 퇴행에 빠지게 된다. 또한 '적이냐 아군이냐' '좋으냐 싫으냐' 혹은 '회사를 그만둔다, 계속 다닌다' 같이 단순화시킨 이분법적 생각은 앞서 언급한 것처럼 우울증을 부르는 좋지 않은 생각법이다.

"그밖에 다른 방법은?" "다른 견해는 없을까?" 하고 스키마를 의식하며 항상 생각하기 위해 노력하는 습관은 우울증을 멀리하게 해주는 좋은 생각 습관이다.

생각의 폭을 단번에 넓히는
'그럴지도 몰라'

생각의 노화를 가져오는 '그렇구나!' 생각에 대항해 내가 가장 중시하는 것이 '그럴지도 몰라' 생각이다.

다시 말해 '그렇구나!' 생각에 대항해 반론이나 비평을 할 때, "아니야!" 하며 부정하기란 좀처럼 쉽지 않다. 그때 "이럴 수도 있고, 저럴지도 몰라." 하며 다른 가능성을 생각해 보는 것이다. 이렇게 하면 비평이 어렵게 느껴지지 않을 수 있다.

예를 들면 "지금 중국이 성공한 이유는 자본주의화 되었기 때문이다."라는 해설을 들었다고 하자. 이 말에 "그렇구나!"라는 납득을 하지 않는다고 해도 반론할 재료가 없으면 "아니, 자본주의화 때문이 아니야."라고 부정하기는 힘들다.

그런 경우 "아니, 자본주의화 되어 가면서 본질은 예전 그대로 공산주의이며 정부 마음대로 사적 권리를 제한하기 때문이지."라며 양자택일의 답이 아닌 제3, 제4의 방향성을 제시하는 것이다.

혹은 "내년에는 1달러당 환율이 60엔이 될 것이다."라고 TV에서 말한다면 "그렇구나!" 할 것이 아니라, "엔고 현상이 더 지속돼 50엔이 될지도 몰라." "잘못하면 100엔으로 돌아올 수도 있어."라며 여러 가지 가능성을 상상해 보는 것이다.

"A는 B이다." 같은 경우, 비평을 하려 해도 "A는 B가 아니다."라고 말하는 것은 상상 이상으로 어렵다. 다시 말해 "1+1은 2다."라는 이야기에 "2가 아니다." "3이다."라며 트집을 잡는 것에 불과하기 때문이다.

하지만 "1+1이 2가 아닌 경우가 있을 수 있다."라고 이야기하면 "비非유클리드 곡선에서는…"이라든가 "소립자 세계에서는…" 등과 같이, '그렇구나!'가 아닌 '그럴지도 몰라'의 경우를 몇 개라도 만들 수 있다.

'그럴지도 몰라'라는 생각은 명확하지 않은 발언이긴 하지만 아이디어의 폭을 크게 넓혀준다. 현실 비즈니스 세계에서나 큰 결단을 내려야 할 경우라면, 그것이 무책임하게 보일 수 있고, "평론가 같은 발언"이라는 비난을 받을 수 있다. 하지만 일상 생각 훈련에서는 이보다 좋은 방법이 없다.

요점은 '생각하는 기회를 늘리자'이다. 주의해야 할 점은, 여기서 '생각한다'는 것은 전두엽을 사용하는 타입의 생각을 말한다. 단순하게 기존 지식을 사용하면 되는 해결책, 다시 말해 '당연히 그렇지' 하는 답에 관해서는 전두엽을 사용하지 않게 된다. '그럴지도 몰라' 하며 정설과 다른 답을 이것저것 생각해내는 것이 전두엽을 많이 일하게 한다는 의미에서 생각 훈련이 되는 것이다.

또한 훈련이기 때문에 꼭 정답을 도출해낼 필요는 없다. 특히 지금 시대는 꼭 정답을 찾기 위해서가 아니라 여러 가지 가능성을 생각하는 중에 예상치 못한 해결책이 생겨나는 경우가 있다.

반대로 정답을 찾기 위해 노력하면 할수록 그저 무난한 답이 되어버리는 경우가 많다.

자기 주장과 반대되는
'짜증나는' 책을 읽어라

 '그게 아니지' 하는 반론이나 비평, '그럴지도 몰라' 생각의 재료를 찾기 위해서는 자신의 의견·논리와 다른 생각의 책을 일부러 읽으면 도움이 된다.
 보수적인 생각을 가지고 있다면 좌파 논단의 핵심적 존재인 〈세계〉를 읽거나, 반대로 진보적인 생각을 가지고 있다면 보수 논단을 대표하는 〈정론〉을 읽어보라. 혹은 긴축 재정을 지지하는 사람이라면 정반대 의견인 적극 재정을 지지하는 사람의 책을 읽는 등 자신의 생각에 반대되는 의견을 접하는 것이다.
 그렇게 하면 일단 생각의 폭이 넓어진다. 이데올로기가 다른 사람을 대할 때에는 '저 녀석들은 이런 생각을 할 게 뻔해' 하는 단정 짓는 생각에 빠지기 쉽다. 그렇지만 최신 기사를 접함으로써 신선한 충격을 받을 수 있고, 생각에 유연성을 더할 수 있다.
 나아가 더 중요한 요소는 위화감을 느낄 만한 의견은 비평하기가 더 쉽다는 것이다. 처음부터 내 의견과는 반대임을 알고 책을 읽기 때문에 당연히 화가 날 수 있고, 그러면서 반론이 자연스럽게 가능해진다.

화가 많이 나면 안 읽으면 그만이다. 하지만 자신과 같은 생각으로 "그렇군." "맞는 말이다." 하면서 고개를 끄덕이게 하는 책은 다 읽은 후에 내용을 그다지 기억하지 못하는 경우가 많다. 뇌에도 별다른 자극을 주지 못한다.

반대로 자신과 정반대되는 의견과 대치하면 에너지를 많이 소비하며, 뇌에도 큰 자극을 준다. 이런 자극은 나이가 들수록 더 필요해진다.

이유는 연장자일수록 높은 지위에 있기 때문에 자신의 의견에 대해 언제나 찬성하는 의견만을 듣게 되며, 면전에서 반론을 말하는 사람들은 크게 줄어들기 때문이다.

부장이 "기미가요(일본 국가)를 기립해 제창하는 것은 당연한 일이지. 일본의 전통이다."라는 말을 술자리에서 할 때, "아니죠. 에도시대(1600년대) 이전에는 그런 전통이 존재하지도 않았는데요."라면서 반론을 제기할 부하는 없다. 내심 다른 의견을 가진 사람이라도 "맞습니다요." 하면서 찬성할 뿐이다.

이런 상황을 "내 의견에 모두 찬성해 주니 좋다."라며 기뻐해서는 안 된다. 자신의 의견에 모두가 찬성하는 상황을 '안 좋은 상황'으로 생각해야 한다. 모두가 자신의 의견에 "맞아, 맞아." 하며 납득한다면 기분은 좋겠지만, 뇌에는 상당히 나쁜 영향을 미침을 기억해야 한다.

자신에게 직접 반론을 제기하는 사람을 찾기는 어렵지만, 서로 맞지 않는 의견으로 짜증나는 책은 간단히 찾을 수 있다. 스스로 봐서 '열 받게 하는 책'은 중·노년의 뇌에 큰 자극을 준다.

사소한 것이라도 취미를 가져라

라면이라도 좋고 와인도 좋다. '재미있다'고 느끼는 대상이 자신에게 있는가. 기차도 좋고 카메라도 좋다. 흥미가 있다면 취미로 만들어보라.

그때에 중·노년이라는 이유만으로 클래식이나 고전무용 같은 고상한 취미를 가져야 하는 것은 아니다. '고상한 취미를 가져야만 한다'는 생각 자체가 바이어스나 스키마의 일종이다.

최근 주간지는 '어른의 취미'를 주제로 다루는 경우가 많다. 나는 최신 기차나 밴드 연주 등 일반적으로는 '쓸데없어' 보이는 주제를 진지하게 다루는 것에 감탄하였다.

우연히 내 영화에 출연했던 배우 요시자와 켄씨는 1970년대 에로영화 전성기 시절 와카마쓰 고지 감독의 작품에 많이 출연한 사람이다. 근년에는 베를린 국제영화제에서 상을 받은 와카마쓰

감독의 작품 〈캐터필러〉에도 출연했다.

그런 요시자와씨가 "가시마 시게루씨에게서 엄청 칭찬받았어요…."라고 말했다. 이유를 물어보니, 프랑스 문학자인 가시마씨는 에로 영화나 B급 영화 같은 '에로 세계'에도 조예가 깊은 사람이라고 한다. 뿐만 아니라 가시시마씨는 에로잡지 역사도 잘 안다는 것이다.

가시마씨뿐 아니라 갑자기 무언가에 흥미를 느끼기 시작하여 그 분야에 대해 많은 지식을 쌓게 된 사람들이 있다. 이러한 가벼운 동기가 참으로 중요하다.

"그런 쓸데없는 정보를 잘도 알고 있네."라는 말을 듣는 사람은 나이에 비해 젊어 보이는 사람이 많다. 여러 가지 일에 흥미를 가지는 생각 습관이 외모까지 젊어 보이게 하는 것이다.

지명의 유래도 좋고, 옛날 포크송 가수들의 레코드 수집도 좋고, 무엇이든 상관없다. 세상 사람들에게 쓸데없는 일이라는 말을 들어도, 흥미를 가지는 것 자체가 중요하다. 어떤 일이든 호기심을 가지기 바란다.

전두엽에
'바로가기'를 만들지 마라

　일상생활은 기본적으로 같은 일들이 반복된다.
　평일에는 아침 6시에 일어나 낮에 일하고 밤에는 잠깐 자유 시간을 즐긴 뒤, 내일을 위해 잠자리에 든다. 우리는 이런 기계적인 시간 계획표 속에서 살고 있다.
　출근길에 '오늘은 회사가 아닌 거래처로 바로 가자'고 생각했어도, 무심코 환승역의 언제나 같은 개찰구로 들어간 경험을 한 적이 있을 것이다.
　이것 또한 일종의 스키마이며, 벌써 짧은 생각을 위한 지름길 회로가 만들어져 있다는 증거다. 일생생활에서는 전두엽으로 다음 행동을 일일이 생각지 않기 때문이다.
　그러므로 그런 타성에 젖지 않기 위해 평소와는 다른 행동을 해보는 것이 중요하다. 예를 들면 일주일에 한번은 지금까지 먹어본 적 없는 곳에서 점심을 먹거나, 한 달에 한 번 가족끼리 외식할 때 새로운 요리에 도전해 보는 것도 좋겠다.
　혹은 넥타이를 지금까지 가지고 있는 계통과 다른 것을 구입해 보라. '헤르메스' 같은 명품샵에 가서 초록색 넥타이를 손에 들고 '이거 정말 멋진데' 하는 생각이 든다면 과감하게 구입하라.
　평소와 전혀 다른 색의 넥타이를 하면 셔츠나 재킷이 넥타이와 어울리는지 신경이 쓰인다. 당연히 넥타이와 어울리는 옷을 생각하게 된다.

설령 일상적인 일이라도 평소와 다른 행동을 하거나, 평소와 다른 물건을 사는 것은 전두엽에 지름길을 만들지 않는 생각 방법이다. 이것이 바로 중요한 포인트이다.

나이가 들수록 '점심은 매번 먹는 그 도시락'이나 '언제나 가는 그 편의점' 같은 전례 답습이 많아진다. 왠지 모르지만 매번 같은 일을 하며, 같은 일을 하는 것 자체를 당연시하는 생각. 이것 역시 생각의 노화를 조장한다.

옷 분위기를 평소와 다르게 바꾸거나, 머리카락을 염색하거나, 보톡스로 얼굴 주름을 없애는 등 외모에 변화가 생기면, 주위의 반응에도 변화가 생긴다. 그에 따라 처음에는 생각지도 않은 다른 선택지가 생기기 때문에 뇌를 활발히 움직이는 것과 연결된다.

지진 후 절전 운동과 함께 '슈퍼 쿨 비즈'를 권하는 회사가 많아졌다. 넥타이를 하지 않아도 되고 폴로셔츠를 입고와도 된다는 말에, 매일 무엇을 입을까 걱정하는 사람들이 많아졌다.

'넥타이 하는 것이 편했다'고 느끼는 것은 지금까지 매일 옷을 입을 때, 그다지 머리를 사용하지 않았기 때문이다. 사복으로 출근하던 여성들은 전부터 매일 아침 옷을 입기 위해 머리를 사용해 왔던 것이다.

그것이 '매일 다르게 일해보자'는 생각 습관의 계기가 될 것 같았다. 그런데 백화점과 대형 슈퍼들은 자주 해왔듯이, 슈퍼 쿨 비즈용 매장을 만들고 "이 옷을 입으면 됩니다."라며 무난한 상품을 진열하기 시작했다.

일상의 기계적인 움직임에서 탈피하기 위해서는 나름대로의 의식과 노력이 필요하다는 점을 기억하라.

궁금하면
인터넷 검색을 하는 습관을 가져라

신문을 읽다가 모르는 단어가 나와도 그냥 넘어가는 사람들이 많다. 중요 단어는 대부분 용어 설명을 해 주지만 매번 해주지는 않는다. 그럴 때, 지금은 인터넷으로 쉽게 뜻을 찾아볼 수 있다.

이런 검색은 단어의 의미와 해설에 한정되지 않는다. 예를 들어 중국 고속철도 사고가 세간을 떠들썩하게 했을 때, 일본 신칸센 운행 시스템의 특징을 검색해보는 등 흥미로운 내용을 간단한 검색만으로 자세하게 알 수 있다.

이것은 인터넷이 보편화된 시대이기에 가능한 전두엽 자극법이다. 스마트폰이나 아이패드를 가지고 있는 사람이라면 지금 바로 시작할 수 있다.

가령 지하철 안에서 책을 읽다가 모르는 지명이나 알듯 말듯한 사람의 이름을 보면, '궁금하긴 하지만 몰라도 별 상관없으니…' 하면서 그냥 넘어가지 말고 곧바로 찾아보는 습관을 갖자.

고등학생 시절에는 모르는 영어 단어를 보면 몇 번이고 곧장 찾아보던 사람도 영어에 자신감이 붙으면, 모르는 단어가 나와도 짐작으로 전체 이야기를 이해할 수 있기에 찾아보지 않게 된다. 나 또한 그렇기 때문에 뭐라 할 말은 없지만, 검색하는 습관을 갖는 것이 중요하다.

영어 단어의 경우 한 단어를 찾아보면 파생어나 어원, 예문 등을 알 수 있기 때문에 계속 찾다보면 비약적으로 영문 이해 능력이 향상된다. 신문에 나오는 시사용어나 일상생활에서 사용하는 단어도 마찬가지이다.

특히 위키피디아가 그 전형적인 예라고 할 수 있다. 여기서는 알고자 하는 마음만 있으면, 모르는 모든 단어를 인터넷 검색을 통해 고구마 캐듯 계속 찾아볼 수 있어, 잡다한 지식을 포함해 자신의 지식을 큰 폭으로 넓힐 수 있다.

앞서 "퀴즈왕처럼 측두엽·두정엽형 지식을 가진 사람은 머리가 좋다고 할 수 없다."라고 말했다. 물론 지식이 많다고 해서 생각이 뛰어나다고 할 수는 없다. 하지만 풍부한 지식이 없으면 생각의 폭이 넓어질 수 없는 것도 사실이다.

지식이 풍부한 사람이 자신의 호기심을 충족시키기 위해, 시시한 것에도 흥미를 가지고 쓸모없는 지식을 늘려 가면, 연쇄반응으로 독특한 생각이 가능해지는 것이다.

최신 미디어도
일단 사용해보라

앞서 언급한 '일상에 변화를 준다'는 것과 연관되는 내용이지만, 스마트폰과 아이패드 같은 태블릿 단말기에 대해서도 '새 미디어에 얼마나 호기심을 갖는가' 하는 것은 중·노년의 생각의 노화와 관련해 알기 쉬운 기준이 될 것이다.

불과 수년 전만 해도 존재하지 않았던 미디어와 서비스가 등장하고, 새로운 미디어 세계가 크게 확대되고 있다. 그런데 "뭐가 뭔지 모르겠으니, 그냥 쓰던 것 쓰지 뭐." 하고 처음부터 등을 돌리지는 않는가.

트위터나 페이스북 같은 소셜 미디어는 분명히 복잡하고 어려운 점이 많다. '대체 일은 언제 하는 거지?' 하는 의문이 들 정도로 열심히 글을 올리는 사람도 있다. 그만큼 일단 한번 빠지면 무서울 정도로 시간을 잡아먹을 것이라고 나는 생각한다.

다시 말해 스마트폰을 가지고 있으면서 어플리케이션을 제대로 사용하지 못하면 부끄럽다든가, 페이스북을 시작했으면 계속 새로운 글을 올려 친구 관계를 넓혀야만 의미가 있다든가 하는 강박관념에 사로잡히는 것은 전두엽을 사용한 생각이 아니다.

여러 분야에 흥미를 가지고, 일단 손을 대보는 것이 중요하다. 무엇이든 손을 대본 뒤 나에게 맞지 않다는 생각이 들면 과감하게 그것을 버려라.

'스마트폰은 의외로 사용하기가 어렵다' '페이스북은 너무 귀찮아' 하는 생각이 들었다면, 이미 목표는 달성한 것이다. 무언가 이야기거리로도 충분히 사용할 수 있을 것이다.

완벽주의자가 페이스북을 시작하면 전원에게 답장이나 코멘트를 달아야 한다는 초조함에 사로잡히기 쉽다. 그러나 '무시할 수 있는 능력'도 중요하다. 일단 해보고 좋지 않으면 그만둬라. 빠른 생각의 전환 역시 전두엽을 사용한 생각이다.

나 자신도 "이런 편리한 기능이 있습니다." 하고 소개할 수 있을 정도로 잘 사용하는 편은 아니다. 하지만 한 가지 확실히 말할 수 있는 것은 "꼭 완벽하게 사용할 필요는 없다."라는 것이다.

특히 중·노년층은 '시작한 이상 끝을 봐야 한다' 같은 가치관이 형성되어 있다. 이것 역시 일종의 스키마이다. '이것도 잘 사용 못하는 나는 글러먹었다' 혹은 '최신 미디어를 다루지 못하는 나는 구닥다리다'고 생각하기 쉽겠지만, 신경 쓸 필요가 전혀 없다.

중년 이후 공부는
'입력 비율' 낮추기에 달렸다

전에 어느 월간지의 기획에 의해, 오챠노미즈여대女大 명예교수 도야마 시게히코씨와 대담할 기회가 있었다. 도야마씨는 영문학자, 언어학자이지만 교육론에 대한 저서도 많다. 저서인 〈사고思考 정리학〉은 20년쯤 전의 베스트셀러이면서 지금도 팔리고 있는 스테디셀러이다.

대담에서 "어른이 되어도 계속 공부를 하는 편이 좋다."라고 말하는 도야마씨에게 담당 편집자가 "나이가 들어도 계속 책을 읽는 편이 좋은가요?" 하고 찬물을 끼얹자, "무슨 말도 안 되는 소리를 합니까."라며 부정하였다.

그는 "도서관에서 책이나 보고 있으면 더욱 빨리 늙을 뿐이다."라고 말했다. "고령자는 지금까지 여러 정보를 머릿속에 입력해 왔기 때문에 밖으로 출력해야 한다."라는 주장이었다.

도야마씨의 이야기는 '생각의 노화를 어떻게 막을 것인가'라는 문제에 큰 가르침을 주었다. 다시 말해, 어른이 된 뒤의 공부는 입력 비율을 어떻게 낮출 것인가가 문제인 것이다.

어린 시절의 공부는 입력해야 할 것들이 너무 많다. 그럼에도 시험 볼 때에만 출력했으니, 입력 90%에 출력은 고작 10%에 불과했다. 특히 일본의 경우 대학의 수업을 봐도 입력의 비율이 훨씬 높다.

사회인이 되어도, 초년생이 일을 배우는 단계에선 입력(공부)이 훨씬 많다. 그래야만 차례로 배운 것을 살려(활용) 출력하는 일을 늘려갈 수 있다.

게다가 자신이 흥미를 느끼는 분야의 지식을 추가하는 것은 지적인 측면에서 상당히 중요하다. 그렇지만 입력 위주 공부로부터의 탈피는 중장년 이후의 큰 테마가 될 것이다.

옛날엔 늙은 철학자처럼 '서재에 틀어박혀 있는 사람'이 우수하다는 느낌을 주었다.

지금은 많이 아는 것만으로는 존재 이유가 점점 떨어진다. 인터넷을 검색해 보면 같은 내용이 쓰여 있기 때문에 지식보다는 흥미로운 생각을 펼칠 수 있는 사람의 상품가치가 높아진다.

나는 자주 "이렇게 많은 책을 집필하셨으니 공부량도 대단하시겠네요?"라는 질문을 받는다. 분명 책 한 권을 집필하기 위해 조사하는 내용은 많지만, 해를 거듭함에 따라 내공처럼 쌓인 지식을 기본으로 현 시대에 적합한 새로운 주제를 찾아내는 경우가 늘었다.

그것이야말로 앞서 기술한 것처럼, 생각의 노화와 관련해 〈리어왕〉이 치매 이야기라고 재해석한 것과 같은 방법이다. 이른바 옛 식자識者들처럼 '〈논어〉엔 이런 말이 있습니다' '〈사기史記〉 속 전투가 벌어진 장소가 이곳입니다' 등의 단순한 지식에 기대어 책을 쓰지 않는 이유이다.

무역으로 예를 들자면, 젊은 시절은 수입 초과超過인 개발도상국과 같은 상태였다가, 자신의 나라에서 새로운 부가가치를 창출해 수출 초과의 선진국으로 변해가는 것과 같다.

반 농담이지만, 앞으로 나도 내 마음 내키는 대로 말하다 보면 새로운 책이 되는 시기가 올지도 모른다.

앞으로는 단순히 박식한 지식인보다 시대의 흐름에 맞는 새로운 사상가나, 기존의 것이라도 지금까지와는 전혀 다른 해석을 하는 사람이 중요한 시대가 될 것이 틀림없다.

지금은 아직 (특히 일본은) 박식한 사람을 요구하는 풍조가 남아 있다. 그러나 머지않아 박식한 사람의 가치가 점점 떨어지고, 미지의 사색이나 새로운 해석의 가치는 올라갈 것이다.

우리 세대 이전 사람들은 의외로 그러한 변화를 눈치 채지 못하고 있다.

속인사고 · 권위주의를 경계하라

"셰익스피어는 이렇게 말했다." "프로이트는 이런 생각을 했다."처럼 'OO가 이렇게 말했다'는 식의 전제를 자신의 주장에 덧붙이는 것을 좋아하는 사람들이 많다.

　일본에서는 경제 관련 이야기를 할 때도 "크루그먼에 의하면 이렇다." "케인즈 이론은 이렇다." 등 권위 있는 사람들을 언급하지 않으면 잘 들으려 하지 않는다. 유명인이 아닌 사람의 생각에도 재미있는 발상이 많이 존재하지만, 전문가나 대단한 사람의 발언이 아니면 무시당하고 만다.

　결국 고유명사를 내걸며 'OO가 이렇게 말했다' 같은 논의가 계속되면, 그 인용 부분의 정확성과 다채로움을 겨루는 논의로 변질되기 쉽다. 그저 시종일관 지식을 자랑하다가 끝나버리는 경우가 상당히 많다.

　이런 사람들은 이른바 권위주의자의 영향을 받아, 강한 권위는 무비판적으로 받아들이지만, 자신보다 하찮아 보이는 사람을 대할 때에는 무척 강경하기 쉽다. 그러한 중·노년 남성을 흔히 볼 수 있다. 그런데 정작 본인은 자신의 상황을 인식하지 못한다.

　'그 사람이 한 말이니까'라는 이유만으로 내용과 상관없이 옳고 그름을 판단하는 생각법을 사회심리학 분야에서는 '속인屬人사고'라고 부른다. 옳은지 그른지를 판단하는 기준이 그 사람에게 속해 있기 때문이다.

　하지만 노벨상을 수상한 학자도 잘못된 의견을 말할 때가 있으며, 그 의견에 대해 무명 알바생이 올바른 의견을 낼 수도 있다. 어떤 의견의 옳고 그름을 판단하기 위해서는 그 사람의 직함이나 인상은 내려놓고 의견 자체를 곱씹어보는 것이 중요하다.

예를 들어, 내가 일본경제에 관해 "소비보다 생산이 과잉인 시대가 되었기 때문에, 더 이상 생산성을 올리는 것보다 소비를 장려하는 것이 중요합니다. 소비할수록 세금을 적게 내어도 된다거나 하는 식의 방법을 꼭 생각해내야 합니다."라는 의견을 냈다고 하자.

그러면 백이면 백 서두에서 언급한 것처럼 "그것은 누가 한 말인가요?"라는 질문을 한다. "아니, 제 생각입니다."라고 답하면 "아 그래요?" 하며 끝나버린다. 하지만 만약 "이것은 실은 크루그먼의 최신 이론입니다."라고 말하면 바로 귀를 기울이며 관심을 보인다.

아쉽게도 인간은 나이가 듦에 따라 속인주의, 권위주의적이 되기 쉽다.

어느 정도 나이가 들면 젊은 사람에게 뒤처지는 것에 저항감을 느끼는 것이다. '젊은 녀석들의 의견 따위는…' 같은 생각이 머릿속에 자리 잡고, 옛 현인들의 말을 좋아하게 되는 경우가 많다. 이런 현상은 가장 심한 생각의 정지이다.

'프로이트가 옛날에 뭐라고 했던 내 눈앞에 있는 환자의 마음은 이렇다'고 생각해야 새로운 생각으로 이어진다. 하지만 속인사고나 권위주의에 빠지면 그대로 생각이 정지하고 만다. 무조건 환자 잘못이라고 생각할지도 모른다.

이것 역시 전두엽 기능 저하와 생각의 노화가 원인이다. 애매함이나 회색지대를 피해 안정감을 얻기 원하는 마음에서 비롯된다. 기본적으로 '한 가지 문제에 대해 한 가지 대답'이나 '단정 짓기'를 원하기 때문이다.

자신의 의견에 'OO가 이렇게 말했으므로' '문헌에는 이렇게 쓰여 있다' 같은 인용이 늘어나거나, 인용되지 않은 말을 하는 사람은 신빙성이 없다고 느끼게 되었다면, 이것은 생각의 노화 현상으로 생각하지 않으면 안 된다.

아이디어나 가설이 더 가치 있는 생각

일본은 가설에 대한 평가가 상당히 낮은 나라다. 하지만 서문에서도 언급한 것처럼 노벨상이란 새로운 가설을 세운 사람에게 주어지는 경우가 많다.

중복되는 이야기지만, 중간자의 존재를 이론적으로 예언한 유카와 히데키씨도, 쿼크가 3세대 6종류라고 가정하고 'CP대칭성 붕괴'라는 현상을 설명한 고바야시 마코토씨, 마쓰카와 도시히데씨도 스스로가 가설을 증명한 것은 아니었다.

세계적으로 봐도 뛰어나게 우수한 아이디어와 가설은 자잘한 실용화나 가설 증명보다 가치가 있다. 반대로 일본은 실용화와 가설 증명을 더 중시한다. 알기 쉽게 말하자면 '훌륭하다고 생각한다'는 것이다.

어떤 수학자의 말을 빌리자면, "수학 올림피아드에서 우승하는 학생은 수학자로서 대성하지 못한다."

이유는 수학 올림피아드는 '문제를 푸는 능력'을 겨루는 자리이며, 본래 훌륭한 수학자란 '문제를 만드는 능력'이 뛰어난 사람이기 때문이다. 문제를 푸는 능력과 만드는 능력은 별개이며, 푸는 능력이 뛰어나다고 해서 만드는 능력 역시 뛰어나다고는 할 수 없다는 것이다.

일본 대학 역시 문제를 푸는 능력이 우수한 사람을 높이 평가하기 때문에 교수들의 논문도 규모가 작은 것이 대부분이다.

특히 의학부에서는 앞서 언급한 것처럼 통계치의 차이가 명확한 연구로 논문을 많이 작성해야만 업적으로 인정받기 때문에 증명할 수 없는 대담한 가설은 피해버린다.

한편 물리학은 엉뚱한 이론이라도 올바른 생각이라면 인정받는 분야이기도 하기에, 일본 물리학자들은 계속 외국에 나가서 연구하고 있다. 화학 분야도 마찬가지이다.

그런데 의학부는 정반대의 길을 걷고 있다. 노벨상을 수상한 일본인은 물리학상, 화학상이 압도적으로 많아, 벌써 13명(미국 국적을 취득한 난부 요이치로씨를 포함하면 14명)이나 된다. 하지만 의학·생리학상은 도네가와 스스무씨 단 한 명뿐이다.

게다가 도네가와씨는 교토대학 이학부 졸업생으로 의학부 출신이 아니다. 입학 당시는 이학부보다 우수한 학생이 의학부에 들어갔을 것이라는 점을 감안하면, 일본 의학부 교수들이 얼마나 무능하고 권위주의적인지를 짐작할 수 있다.

하여튼 나이가 들면 아이디어나 가설을 세우기 힘들어지는 것이 사실이다. 그 대신 쉽게 단정 짓는 생각을 하거나, 권위 있는 것을 좋아하도록 변한다. 그런 생각을 피하기 위해 아이디어이든, 가설이든, 뭐든지 말해보는 생각 습관을 들이는 것이 매우 중요하다.

혹시 그런 모습을 "증거도 없는 이야기는 하지 마라. 확실한 사실만 말해!" 하고 비판하는 사람이 있다면, 전두엽 생각이 불가능한 인간이므로 불쌍하게 여기면 그만이다.

대학교육이
전두엽을 망가뜨린다?

"수험 공부 때문에 일본인은 상상력이 부족하다."라는 비판을 흔히 접한다. 하지만 나는 고등학생 때까지는 기초학력을 제대로 몸에 익히는 것도 그리 나쁜 방법은 아니라고 생각한다. 오히려 대학과 같은 고등교육 기관에서 고등학교와 똑같은 공부를 하는 것이 더욱 큰 문제이다.

본래 고등교육을 받는 이유는 지식의 습득뿐만 아니다. 지식을 통해 가설을 세워, 비즈니스든 학문이든 스스로 해결책을 모색하고 곤경을 극복할 수 있는 사람이 되기 위해서이다.

의학부처럼 특수한 직업 능력 교육을 받는 경우를 제외하면, 예를 들어 경제학부는 동서고금을 막론한 경제이론을 머릿속에 주입시키고 얼마나 외웠는지를 시험 볼 것이 아니라, 여러 가지 경제문제 사례들에 대해 가설을 세우고 토론하는 교육을 시행해야 한다.

옛날 대졸자들은 기업과 관청의 간부로 채용돼 영업 기획을 하거나, 각 부서를 지휘 감독하는 역할을 맡았다. 따라서 고졸자처럼 명령에 따라 움직이는 노동자들과 다른 대우를 받았다. 그런데 지금은 둘 중 한 명이 대졸자인 시대이다.

대학의 대중화가 진행되고, 고등교육도 어떻게 변해야 할지 방안을 모색하고 있다. 그런데도 대학이 고등학교처럼 '지식 주입형' 교육을 계속한다면 시대에 역행하는 결과를 낳게 된다. 대학이 고등교육 기관이라고 불리는 이상, 가설을 세울 수 있는 사람, 독창적인 발상이 가능한 사람을 길러내야 한다.

앞서 의학부 교수들이 통계치의 차이가 명확한 연구만 하고, 대담한 가설을 좋아하지 않는다는 문제점을 언급했다. 실제로 의학부 교수들 중에는 '이 사람은 전두엽이 발달했군' 하고 느끼게끔 이야기하는 사람은 극히 드물다.

설령 있다고 해도, 해부학이나 면역학처럼 기초의학 교수들뿐이다. 기초의학 교수들은 의사 면허를 버리고 뛰어든 사람들이며, 물리학자나 화학자처럼 재미있는 연구로 독창적인 논문을 쓰고자 하는 자세가 아직 남아 있다.

요즘 일본은 대학교육도, 사회인이 된 뒤 받는 직업교육도 전두엽을 사용하는 일이 지극히 적다. 앞서 기술한 출판사나 카피라이터처럼 '50개, 100개의 기획이나 초안을 매일 생각해 오라' 같은 전두엽 자극형 교육을 사회 전체가 더욱 늘릴 필요가 있다.

정설, 상식, 전통을
의심하는 버릇을 가져라

학문이든 정책이든, 정설과 상식을 의심하지 않게 되는 것은 생각의 노화에 대항하는 데 가장 큰 문제가 된다.

예를 들면 '청소년 자살이나 따돌림이 증가하고 있다'는 상식이 통계학적 근거도 없이 언제부턴가 널리 퍼져 기정사실화 되었다. 하지만 통계를 확인해 보면 초등학교, 중학교에서 이런 현상은 눈에 띄게 전보다 줄어들었다.

'TV에서 특집으로 다뤘다' '평론가들이 말했다'처럼 전해들은 이야기를 의심하지 않고 곧이곧대로 믿어버리는 사람이 굉장히 많다. 혹은 "이것이 일본의 전통이다."라는 말을 들으면 "아, 그런가?" 하면서 납득해버린다.

예를 들면, 최근 졸업식에서 기미가요(일본의 국가國歌) 제창을 일어나서 할 것을 명령한 교장의 직무명령이 합헌이라는 대법원 판결이 뉴스에 방영된 적이 있다.

내 개인적인 의견을 말하자면, 일어나서 국가를 부르지 않았다고 해서 해고하거나, 법률이나 명령처럼 강제적으로 이행하게 할 필요는 없다고 생각한다. 소송을 제기해 위헌·합헌을 다투는 일 또한 무의미하다고 생각한다. 이길 가망이 없는 재판이기 때문이다.

하지만 '왜 기미가요를 서서 불러야 하며, 일장기에 경례해야 하는가' 하는 점에 대해, 어떤 이유가 있는가를 그다지 묻지 않는다는 점이 신경 쓰인다.

그 질문에 대해 국가나 교장이 "천황에 대한 공경의 표시이다."라고 말하기는 힘들다. 왜냐 하면 지금은 2차 대전 이전과 달리 '천황 주권국'이 아니기 때문이다.

그러면 "일본의 전통이기 때문에 국가와 국기를 숭배하는 것은 당연하다."라는 말이 나올 수 있다. 하지만 실은 그 말에도 의문점이 생긴다.

2,000년 이상(올해 2013년은 황력 2673년이다)의 전통을 가진 일본은 국가나 국기가 없던 시절이 훨씬 길었다. 히노마루가 국기

가 된 것은 막부 말기(1850년대)이며, 기미가요를 작곡해 국가로 제정한 것은 메이지 시대(1860년대)이다.

다시 말해 기껏해야 150년 정도밖에 되지 않는 짧은 기간이며, 역사가 짧은 미국 건국보다도 늦다. "국가나 국기 없이 국가의 형태를 유지해온 역사야말로 세계에서 보기 드문 일본의 전통이다."라는 말까지 있을 정도다.

그렇다고 해서 내가 국기나 기미가요를 없애야 한다고 생각하는 것은 아니다. 경의를 표할 대상임을 인정한다. 하지만 앞서 말한 것처럼 '왜 경의를 표하는가' 하는 이유를 좀 더 확실히 논의를 통해 밝힐 필요가 있다. (물론 논의 결과 '국민이라면 무조건 경의를 표해야 한다'는 결론도 있을 수 있다.)

참고로 말하면 교사라는 직업은 자신의 사상적 신조와 달라도 학생에게 교칙校則과 같은 규칙을 지키게 해야 하는 직업이다. 그러니 "선생님은 불쾌하고 일본의 전통도 아니지만, 규칙이기 때문에 지킨다."라고 할 수도 있다.

이처럼 변하지 않는 상징과도 같은 전통도 역사의 관점을 조금 바꾸면 의외로 유동적인 측면이 많다.

조금 더 보충하자면 새로운 천황이 즉위할 때 연호를 바꾸는 '일세일원一世一元' 제도를 시행한 것도 메이지 시대 이후의 일이다. 옛날에는 퇴위한 천황에게 부여하는 상황上皇이나 법황法皇이라는 존호도 있었다. 또 근년에 여황제 논쟁처럼 지금까지의 상식을 뛰어넘는 사태가 일어나기도 한다.

일본인이 상식이라고 생각하는 사실 가운데에도 의심해볼만한 것들이 얼마든지 있다. 사람들에게 그런 '의심하는 힘'이 결여돼 있는 것 역시 교육의 책임이기도 하며, 보도매체들의 태도 때문이기도 하다.

하여튼 "이것은 전통이기 때문에 당연히 이렇게 해야 한다."라는 말을 듣고, "그런가." 하며 그대로 납득하는 사람은 생각이 정지된 사람이다. 이것은 문학·예능이나 종교의 규칙, 업계의 관습 같은 사례에서도 같다고 할 수 있다.

그런데 일본인들 중 대다수는 '의심하는 힘'이 없다. 좋게 말해서 약하다. 애초에 의심이라는 행위에 대해 부정적인 사람들마저 있다. 그야말로 2,000년 이상 같은 일본 열도에서 집단 거주하며 상호 신뢰를 근거로 살아온 사회이기 때문에 당연한 일일지도 모르겠다.

자신을 "의심이 많은 사람"이라고 말하면 "시의심猜疑心이 강한 사람"이라는 부정적인 뉘앙스로 받아들여져 정신건강에도 나쁘다고 생각하기 쉽다. 하지만 여기서 말하는 의심이란 "저 녀석 도둑 아니야?" 하고 타인을 의심하라는 의미가 아니라, 정설에 대해 "정말 지금도 그러한가?" 하며 되묻는 힘을 말한다. 정설이나 상식에 대해 의문을 품는 습관을 들이면, 확실히 전두엽에 좋은 영향을 줄 수 있다.

앞으로도 세상은 계속 변할 것이며, 어떻게 변할지는 아무도 모른다. 어떤 변화에도 끝까지 살아남아서 자신이나 가족이 행복한 생활을 하기 위해 필요한 것은 전두엽의 유연함, 다시 말해 젊은 생각인 것이다.

'의심하는 힘'은 그것을 위한 기본적인 생각 습관이며, 빼놓을 수 없는 능력이다.

제4장

인생에
큰 차이를 만드는
전두엽 생각

제4장 인생에 큰 차이를 만드는 전두엽 생각

매력적인 새 발상은
전두엽 생각이 만든다

 2011년 7월 25일 일본은 지상파 디지털 방송을 시작하였다. 지진 피해가 큰 이와테, 미야기, 후쿠시마 세 현을 제외한 일본 전역에 아날로그 전파 방송이 중지돼, 디지털 방송에 맞지 않는 TV는 유선방송 수신이 아니면 지지직거리는 화면밖에 볼 수 없게 되었다.
 처음 흑백TV가 등장한 뒤로 TV는 점점 작아지고, 흑백에서 컬러로 변하고, 화면도 점점 선명해졌다. 근 10년 동안 브라운관에서 액정 같은 얇은 TV로 변하였지만, 기본적으로는 조금씩 꾸준히 개선되어 온 것이다.
 지상파의 디지털화로 화면은 더 선명하고 깨끗해졌고, 컴퓨터처럼 쌍방향 정보 공유가 가능해졌다. 하지만 그것은 지금까지의 기능의 연장선상에 불과하다. 이전과 동일하게 뉴스와 드라마, 예능 프로그램이 방영되며, TV는 그 방송을 보기 위한 기계인 것이다.

그런데 가전제품 제조회사에게 TV는 가격 하락 폭이 커 돈이 안 되는 상품으로 불린다. 품질 개선에 개선을 거듭하여 대단히 선명하며, 작은 크기에 싼 TV가 나오게 되었다. 하지만 구매자의 입장에서는 거듭되는 개선으로 감흥이 줄어들었다. 동시에 제조회사에게는 큰 고민거리로 변해버린 것이다.

내가 어렸을 때 마루 위에 있던 TV는 가족을 단란하게 만드는 주인공이었다. 그때는 틀림없이 '가전제품의 왕'이었을 TV가 믿을 수 없을 정도로 추락해버린 것이다.

옛날 공업화사회, 제조업을 우선시했던 시대에는 대량생산을 통해 효율적으로 가격을 낮추는 일이 기업들에 부를 가져다주었다. 그런데 결국 기업들은 격심한 가격경쟁에 봉착하게 된 것이다. TV는 그 전형적인 예이다.

자동차도 신형이 나올 때마다 "차내 공간이 넓어졌습니다." "가속력을 높였습니다." "연비를 향상시켰습니다." 등 조금씩 개선해 판매하였다. 그럼에도 더 이상 자동차는 옛날처럼 동경의 대상이 아니다. 젊은이일수록 자동차를 선호하지 않는 풍조는 선진국에서는 세계적인 추세이다.

한편 지금까지 존재하지 않았던 매력적인 개념의 물건이 갑자기 나타나 동경의 대상이 되었다. 스마트폰이라는 휴대전화 분야를 단번에 확대시킨 아이폰이나, 컴퓨터와는 다른 태블릿형 단말기 아이패드 같은 매력적인 상품은 다소 가격이 비싸도 불티나게 팔린다.

자동차는 '전기 연료만으로 움직입니다' 같은, 이전 시대와는 확연히 구별되는 물건이 아니면 소비자의 눈에 매력적으로 보이지 않게 변해버렸다. 이것은 서두에서 언급한 드러커의 '지식이 부를 낳는 사회'인 것이다.

거듭 강조하지만, '전두엽 생각'은 단순한 노화 예방에 그치지 않으며, 다가오는 시대의 사업적인 측면에서도 매우 중요하다. 지금까지와 전혀 다른 개념의 물건을 만들어내는 힘은 바로 전두엽 속에 깃들어 있기 때문이다.

속박 없이 삶을 편하게 하는
전두엽 생각

게다가 '전두엽 생각'에는 큰 장점이 있다. '전두엽 생각'이 재미있는 것은 한 가지 생각에 얽매이지 않는다는 점이다.

예를 들면 "서양은 가설을 세우는 사람을 가설을 증명하는 사람보다 더 대단하게 평가한다. 노벨상도 가설을 세운 사람에게 주어진다."라고 앞서 설명했다. 이 생각에 대해 전두엽을 더 사용하면 극단적이지만 '노벨상을 수상하는 것 자체가 정말 대단한 일일까?' 하는 생각도 가능해진다.

정설이나 상식에 대해 "그렇구나!" 하면서 납득해버리는 것이 아니라, 비판하는 힘이나 의심하는 힘을 기르라고 말한 이유는, '남과 다른 생각'을 발견하기 위해서이다. 그러므로 '전두엽 생각'이 가능해지면, 기존의 가치관과 다른 삶에 대한 저항이 줄어든다.

출세 경쟁을 통해 성공하거나 사회적 지위가 높을수록, '돈이 많을수록 행복해진다' 같은 기성 가치관에서 벗어나지 못한다. 그러나 '전두엽 생각'을 사용하면, 적어도 기성 개념과 자신을 비교해 절망하고, 수렁에서 헤어나지 못하는 결과를 피할 수 있다.

설령 자신의 인생이 잘 풀리지 않아도, 소위 성공한 사람들에 대해 '지금까지도 출세에만 연연하는 사람들' '십수 년이 경과해도 생각이 전혀 바뀌지 않은, 전두엽이 노화한 녀석들'이라고 생각하면 마음도 편해진다. 이처럼 '전두엽 생각'은 삶을 편하게 만드는 효과도 가져온다.

또 한 세계의 가치관에 안주하면, 다른 세계의 가치관을 인정하기 힘들어진다.

예를 들면 일본인이 이슬람권 사람들을 보면 '계율이 저렇게 엄격해 술도 못 마시고, 불륜이 들통 나면 사형이라니 너무 심하다'

고 생각할 수 있다. 그러나 반대 입장에서 보면 '저렇게 단정하지 못한 삶을 살다니, 천벌을 받아 마땅한 놈들. 분명히 천국에 가지 못할 것이다'고 생각하고 있을지도 모른다.

다시 말해 '세상의 모든 것은 상대적이다'는 발상을 갖느냐, 그렇지 못하느냐에 따라 인생을 즐겁다고 느낄 것인지, 불만투성이라고 느낄 것인지가 결정되는 것이다.

세상에서 말하는 성공한 사람들은 돈 있고 사회적 지위가 높은 것에 만족해 '내 행복은 영원히 지속된다'고 생각할지도 모른다. 그러나 성공한 후에 전두엽을 사용하지 않으면 "삼대 부자 없고, 삼대 거지 없다."라는 말처럼 변하게 된다.

생각이 노화하였기 때문에 역경에 직면하면 쉽게 몰락할 수 있기 때문이다.

한편 자신의 생각대로 삶을 영위하지 못한 많은 사람들(굳이 '패배자'라고는 말하고 싶지 않다)은 지금까지의 스키마와 바이어스를 버리고, 이것으로부터 새로운 가치관을 구축할 수 있는가가 중요하다.

"공부를 잘해야 훌륭한 사람이다."
"돈을 많이 벌어야 성공한 사람이다."
"사회적 지위가 높아야 성공한 사람이다."
"유명한 사람이 훌륭한 사람이다."

상식과도 같은 이런 가치관들은, 아마도 어린 시절부터 부모뿐 아니라 사회와 보도매체로부터 여러 형태로 주입돼 왔을 것이다. 지금은 "돈이나 학벌보다 인간성"이라는 말을 듣기도 하지만, 그 말 역시 가치관을 주입하는 행위에 불과하다.

요컨대 우리가 믿는 가치관의 대부분은 어디까지나 주입에 의한 것이다. 그 가치관이 올바른지에 대한 보증은 어디에도 없다.

이 조건들을 모두 갖추고도 최후에 바닥으로 곤두박질치는 사람도, 한 가지가 모자라다고 해서 자신을 불행한 사람이라고 낙인찍은 사람도 있을 것이다. 또 돈을 손에 넣었기 때문에 불행에 휘말리는 사람들도 셀 수 없이 많다.

이런 가치관들에 다소라도 의문을 제기할 수 있다면, 인생의 앞날이 밝다고 할 수 있다. 어쩌면 출세할 수 있는 희망이 없거나, 부자가 될 가망성이 더 이상 자신에게 없을 수도 있다. 하지만 '승진하지 못하면 지금 하는 일에 의미가 없다' '부자가 되지 못하면 평생 패배자일 뿐이다'고 단정 지어버린다면 다른 행복의 가능성을 생각지 못하게 된다.

이것은 우울증에 걸리기 쉬운 '마음에 악영향을 미치는 생각'의 전형이다.

나이 들수록
기존 가치관에서 벗어나라

　인생에서 큰 실패나 좌절을 겪은 사람일수록 '그래, 다른 가치관도 있으니까' 하고 스스로 생각할 수 있느냐 없느냐가 매우 중요하다.

　전 참의원 야마모토 죠지씨는 비서 급여를 유용한 혐의로 체포돼 언론으로부터 "가발 값까지 유용했다."라는 등 심한 비난을 받았다. 그는 저서 〈옥창기獄窓記〉에서 "당시는 '국회의 상식'이었기에 범죄행위라는 인식 없이 저지른 행동이었다."라고 말했다. 그는 사기죄로 실형 선고를 받고 복역하였다.

　교도소 내에서 그는 지적 장애 수형자들을 돕는 곳에서 일하며 대소변 시중과 오물 처리를 매일 했다고 한다. 출소 후 그는 정계로 돌아가지 않고 심신 장애를 가진 수형자들이 출소 후에 사회로 복귀할 수 있는 여건을 만들고자 노력하고 있다.

　아마 교도소 안에서, 지금까지와는 다른 가치관 형성에 성공한 듯하다. 만약 그가 복역 중 '두 번 다시 정계로는 돌아갈 수 없다' '이제 난 패배자야' 하는 생각에서 스스로를 단정 지어버렸다면, 정말로 앞으로의 인생을 잃어버린 것과 같을 것이다.

　그는 국회의원이 보지 못하는 문제를 교도소 안에서 보았다. 그리고 출소 후 사회적 지원을 받지 못하고, 살기 위해 범죄와 복역을 반복하는 '누범 장애자'의 문제 해결을 위해 노력함으로써, 그는 새로운 출발을 할 수 있었다.

사람은 누구나 실패를 한다. 이때 기존 가치관의 틀에 갇혀버리면 '이젠 다 틀렸어. 내 인생은 이제 끝이야'라고 생각하기 쉽다. 그런 의미에서도 고령사회가 될수록 자신의 가치관을 다양하게 변화시키며 유연성을 확보하는 것이 필요하다.

그렇지 못하면, 극단적일 수 있지만 '이제 살 날도 얼마 안 남았는데 즐겁게 생활한들 무엇하리?'라는 생각으로 발전할 수 있다. 종래의 사회 가치관은 '돈은 있을수록, 인기는 많을수록 좋다'이면서 '젊을수록 좋다'이기에, 다소간의 돈과 재산이 있어도 나이가 들면 들수록 패배감이 강해진다.

이른바 세속적 가치관은 서양 문화를 기초로 하기 때문에 대체적으로 노년층에겐 불리하다. 동양적인 '노장사상'으로 돌아가지 않는 이상 고령자들이 상당히 살기 어려운 세상으로 변해가고 있는 셈이다. 얼마나 전두엽을 사용해야 그런 기성 가치관에서 벗어나는 것이 가능할까?

'나이가 들면 삶이 이렇게 더 멋있어진다'고 스스로가 생각하느냐 하지 않느냐에 따라 인생 후반기 삶의 희로애락이 정해진다.

시대와 상황이 바뀌면
'변절'하라

　일반적으로 대부분의 사람들은 곤란한 상황에서도 자신의 '주의·주장'을 굽히지 않는 사람을 훌륭하다고 생각한다. 그리고 의견이 계속 바뀌는 사람을 신용할 수 없는 사람으로 여긴다.
　'쉽게 변하지 않는 것이 좋은 것이다'고 자부하는 사람들은 생각을 바꾸는 사람을 '줏대 없는 놈'이라고 부르며 비난한다. "간에 붙었다 쓸개에 붙었다 한다."라는 말처럼 의견을 좌우로 바꾸는 사람은 분명히 신용하기 어렵다.
　그렇지만 내가 틀렸다 혹은 상황이 바뀌었다는 사실을 깨달았을 때, 의견을 바꿀 줄 아는 사람은 자신의 생각을 고집해 실수를 인정하지 않는 사람보다 훨씬 훌륭하고 중요하다고 생각한다.
　실은 나도 다소 줏대 없는 놈이라는 말을 들어왔다.
　첫 베스트셀러인 〈수험은 요령〉에서 "시험에 나오지 않는 과목은 공부하지 않아도 된다." "그런 수업은 들을 필요조차 없다."라고 말하던 내가 최근에는 "더 열심히 공부하라고 주장한다."는 비판을 듣고 있다. 게다가 "와다만큼 줏대 없는 놈도 없다. 일본 학력 저하의 원흉이다."라는 말까지 듣고 있다.
　하지만 〈수험은 요령〉을 쓴 시점은 20년도 더 지난 1987년이다. 당시는 일본인의 학력이 세계 제일이던 시대다. 당시 아이들은 지금보다 훨씬 공부를 많이 함에도 불구하고 '더 공부하라'는 압력을 상당히 많이 받았다.

게다가 '근성론'이 교육 현장에서 위세를 부리던 시대이다. 그 공부법은 우직하고 부담이 크며 비효율적이어서, 수험생들이 상당히 괴로운 상황에 처해 있었던 것이다. 나는 그런 배경을 근거로 "쓸데없이 많은 공부를 하지 마라."라고 주장하였던 것이다.

또 그 책은 점수 향상의 비결을 쓴 책이다. 필기시험 학력을 올리기 위한 목적으로 기술하였기 때문에 일본 학력 저하의 원인으로는 볼 수 없다고 생각한다.

하지만 그 후 일본의 저출산화 진행과 함께 '유토리 교육'(역주: 기존의 주입식 교육이 아닌 경험 중시의 여유 있는 교육) 시대가 되어 아이들을 둘러싼 상황이 급변했다. 고등학교 전원 입학 정책과 저출산으로 인해 고등학교 수험이 극적으로 간단해졌다.

그에 따라 특정 학교를 지정하지 않는다면, 누구라도 공립학교 보통 과정에 진학할 수 있는 시대가 되었다.(역주: 일본은 사립학교에 비해 공립학교 입학이 어렵다.) 그들은 1980년대 후반에 고등학교에 입학한 '제2차 베이비붐 세대'로, 최대 200만 명에 육박하는 15세 인구가 지금은 120만 명으로 감소하였다.

그렇게 되니 중학교에서 성적이 하위권인 학생들도 공립학교 보통 과정 입학이 가능해져 공부를 전혀 하지 않는 학생들이 급증하였다. 1999년 조사에서 중학교 2학년생 중 41%가 "학교 교문을 벗어나면 전혀 공부를 하지 않는다."라고 답했다.

그로부터 10년 이상 지난 지금은 상황이 더 악화됐을 것이다. 이만큼 교육 현장이 극단적으로 바뀌었기 때문에 내 의견이 바뀐 것은 어찌 보면 당연하다. 오히려 옛날과 같은 이야기를 지금도 하고 있다면 그것이 더 이상할 것이다.

경기 대책도 마찬가지이다. 일본인이 모두 젊고 인구도 증가 추세여서 기본적으로 상승곡선을 그리던 시절의 경제이론을, 고령화가 진행되고 인구가 감소하고 있는 지금도 고집스럽게 주장한다면 아무런 의미가 없다.

나쁜 의미로 많이 쓰이는 '변절'이라는 단어의 원래 뜻은 '절의(지조와 도의=사람으로서 올바른 길을 걷는 것)를 바꾸는 것'이라고 한다. 아이들을 둘러싼 환경과 경제 상황 같은 현실에 입각해 발언하는 것은 적어도 지조와 도의에 반한다고는 생각지 않는다.

의견과 주의·주장은 시류와 함께 변해갈 수 있는 유연성이 필요하다. 물론 항상 다수파를 따라 자신의 의견을 바꾸라는 뜻은 아니다. 내가 하고 싶은 말은 지금까지의 이론으로는 통하지 않는 때가 오면, 자신의 주장과 과거 발언에 얽매이지 말고 의견을 바꿀 수 있어야 한다는 것이다.

이전에 'KY'(역주: 분위기 파악 못하는 사람을 일컫는 일본 신조어)라는 말이 유행하던 때가 있었다. 그런데 분위기를 파악했다 하더라도 '이대로라면 곤란하겠는데' 하는 생각이 들면, 그에 맞는 올바른 대처가 중요한 것이다.

보수적인 내셔널리즘을 주장하는 사람이 '이런 분위기라면 전쟁이 발발해 지고 말겠는데'라고 생각했을 때, 지금까지의 주장을 뒤집을 수 있는 용기가 중요한 것이다.

생각의 유연성 측면에서 한 가지 덧붙이고 싶은 것이 있다.

예를 들어 내가 책에서 어떤 일을 하는 방법이나 공부법을 소개했다고 하자. 그런데 실제로 실천해보니 '나와는 맞지 않네' 하는 생각이 든다면, 당장 그만두어도 상관없다.

내가 '효과가 있다'고 생각해 소개한 것이라도, 독자 전원에게 적용된다고 단언할 수는 없기 때문이다. 그러므로 나는 내 방법론만이 절대적으로 옳다고는 말하지 않는다. 반론 역시 그러한 입장에 있다.

무언가 한 가지 방법을 시험해보고, 그 방법이 잘못되었다면 깨끗하게 다른 방법을 찾는 것이 당연하다. 그런데도 '한 번 믿으면 될 때까지 한다'는 사람도 있다. 하지만 '시행착오는 당연히 있을 수 있다'고 생각하고 전두엽을 사용해 앞서 언급한 생각으로부터 탈피하기 바란다.

나뿐만 아니라 특정 저자의 신봉자가 되어서는 안 된다. 모든 말이 자신의 상황과 딱 맞아떨어지는 사람은 이 세상에 아무도 없기 때문이다.

'지금까지 어떻게 했나'보다
'지금부터 어떻게 할까'

뇌 안에 있는 전두엽이 하는 역할 가운데 한 가지는, 두정엽과 측두엽 같은 다른 부위에 축적돼 있는, 지금까지의 경험으로부터 종합적으로 판단해 자신의 행동을 제어하는 것이다.

이런 역할은 동물의 전두엽 역시 똑같이 수행한다. 하지만 인간의 전두엽만이 앞으로의 전망이나 예상과 같은 '미래형 생각'이 가능하다.

물론 행동을 제어할 때 '옛날에는 이랬다' '이전에 이런 일이 있었다'와 같이 기억을 참조하는 것은 틀림이 없기 때문에, 과거 체험을 학습하고 축척해 두는 것은 필요하며 중요하다.

하지만 '전두엽 생각'이란 '지금까지 어떻게 해왔는가'보다 '앞으로 어떻게 할 것인가'를 중시한다. 자신의 행동이 '지금까지'에 얽매인다면 전두엽이 우선순위로 움직이고 있다고 할 수 없다.

그러므로 전에 갔던 맛있는 가게에 또 가는 것보다, 다른 맛있는 가게를 찾고자 하는 생각이 '전두엽 생각'인 것이다. 슬롯머신(일명 파친코) 마니아 중에는 전날 좋은 자리가 어디였는지를 확인한 뒤, 오늘 어디가 좋은 자리일지 위치를 열심히 연구하는 사람들도 있다.

이와 같이 과거의 사례를 참고로 가게의 경향이나 기계의 특성 등에 관한 독자적 노하우를 만들어 미래를 전망하는 것이 '전두엽 생각'이다. 전두엽을 활발히 움직이면 '가설을 세우는 힘'과 함께 객관적인 조건으로부터 미래가 어떻게 변해갈지를 예측하는 '모의실험을 행하는 힘'도 강해진다.

한편 '작년에는 이랬다' '이론상으로는 이렇게 된다'처럼 과거의 사례만 중시하는 생각도 어느 정도 효과가 있기는 하다.

그러나 요즘 같은 극심한 변화의 시대에는 '이번에도 전과 같다는 보증이 있을까?'라는 근본적인 의문을 가지지 못하는 사람은, 역시 '의심하는 힘'이 약하고 '전두엽 생각'을 못하는 사람이다.

하지만 인간은 과거 경험을 기억에 새겨 자신의 인격과 판단의 기초로 삼도록 설계돼 있기 때문에, 과거에 매달리는 행동은 어떤 의미에서는 자연스럽다.

이것은 치매가 심해져 과거 기억을 잊어버리면 불안감이 증가하고 '거짓 과거'를 스스로 만들려고 하는 행동을 통해 알 수 있다(본인은 거짓 과거임을 의식하지 못한다). 그에 비해 초기 치매는 과거를 만드는 단계까지는 가지 못하며 '이것이 생각나지 않는다' '저것도 생각나지 않는다' 하며 곤란해 한다.

과거 기억은 앞서 언급한 것처럼 '나라는 존재'의 토대와 같은 것이다. 따라서 매달릴 만한 대상이 사라져 버리면 큰 불안감에 사로잡히게 된다.

한편 '앞으로 어떻게 할 것인가'라는 미래형 '전두엽 생각'에도 제대로 된 토대가 필요하다.

그 주요 요소가 기초학력인데, 주입식 공부만 계속해온 사람들은 책 등을 읽으며 주입량을 더 늘려 만족을 느끼기 쉽다.

하지만 가장 중요한 것은 그 토대로부터 새로운 무언가를 생각해내는 능력이다.

'생각하는 힘'보다 중요한 '행동에 옮기는 힘'

이 책의 주제는 말하자면 '지식이 많은 사람보다 생각을 많이 하는 사람이 되자'는 것이다. 하지만 생각만 하고 끝나버리면 생각의 노화 예방에 충분하지 못하며, 목적의 절반밖에 달성하지 못하는 셈이다.

거기에서 한걸음 더 나아가 시험 삼아 행동에 옮기는 것이 중요하다. 생각하고 실천하는 것이다.

'앞으로 이렇게 변할 것이다' 혹은 'OO는 분명히 돈이 될 거야'는 생각이 들 때에 가설은 무한히 확장된다. 그리고 모의실험도 조건 설정을 바꾸면 얼마든지 확장이 가능하다.

그것은 단순한 생각 훈련에는 좋은 방법일 수 있을 것이다. 하지만 생각하는 사람은 머지않아 그것이 그저 망상에 지나지 않음을 깨닫게 된다.

그것은 게임의 경우 여러 가지 선택지에서 '다음은 어디로 가 볼까' 하며 한 가지를 골라 움직이면, 다음 상황에서 또 선택지가 나오는 것과 같다. 기본적으로 한정된 프로그램 요소의 조합으로 세계가 구성되는 것이다.

그런데 실제 인간 사회에서는 '이렇게 하면 분명히 부자가 될 수 있다'며 계획을 세워도, 금리 리스크가 이 정도이며, 기상 상태나 예상 손님이 올해는 이만큼이고, 감가상각이 이 정도라는 등 변수와 고려해야 할 일들이 너무 많다. 따라서 계획은 흐지부지되고 만다.

하지만 '시험 삼아 먼저 매매를 해보자' 하고 구체적으로 실천에 옮기면, 그 시험 결과에 의해 크게 줄어든 범위 내에서 생각을 이끌어갈 수 있다. 다시 말해 실제로 행동하고 분석한 결과가 새로운 생각의 출발점이 되는 것이다.

행동으로 옮기면 분명히 무언가 결과를 얻을 수 있다. 전혀 생각처럼 되지 않아서 "이론과 실전은 완전히 다르구나!" 하는 말의 뜻을 뼈저리게 느끼기도 한다. 여기서 중요한 것은 생각하는 힘만으로는 실체를 얻을 수 없기 때문에 실리적인 의미에서 행복해질 수 없으며, 반대로 불행해지지도 않는다는 점이다.

실생활의 예를 들면, 길을 가다가 마주친 아름다운 여성이나, 같은 직장에서 일하는 매력적인 동료 여성에 대해 아무리 공상이나 망상을 펼쳐도 '진정한 행복을 얻는다'는 것은 불가능하다.

실제로 고백하거나, 꼬셔보지 않는 이상 기쁨도 괴로움도 얻을 수 없다. 갑자기 적극적인 행동을 취하지 않아도, 대화를 통해 무언가 접촉을 시도하지 않으면, 다음 단계는 영원히 찾아오지 않는 것이다.

행동으로 옮기는 힘은 일상 속 작은 습관을 통해서도 얻을 수 있다.

예를 들어 세상에는 여러 가지 건강법 책들이 출간되어 있다. 그 중에 '이거다!' 싶은 책이 있으면, 적혀 있는 내용 중 두세 개는 일단 실천으로 옮겨보는 것이다. 식습관이나 보행법, 편안히 쉬는 법 등 한 번 읽고 반론이나 비평의 여지가 없어도, 실제로 따라해 보면 '이건 아니지' 하는 부분이 있을 수 있다.

행동으로 옮길 때 한 가지 중요한 것이 있다. 행동으로 옮기는 힘은 단순히 행동으로 끝나는 것이 아니라, 실제로 행동으로 옮겨보고 거기서 얻은 결과를 제대로 분석·평가해야 한다는 것이다.

아무런 문제없이 좋았다면 괜찮지만, 생각보다 별로였다면 '왜 별로였는가' '이 점을 개선하면 나에게 더 알맞을 것 같다' 하고 생각할 필요가 있다. 그래서 개선안을 행동으로 옮겨보고, 또 다음 단계로 이동하는 것이다.

같은 소자본도
실행력에 따라 큰 차이를 낳는다

　인터넷을 잘 아는 사람이나 모험심이 투철한 사람 중에는 "나도 검색엔진을 생각해본 적이 있어." "옥션 같은 사이트는 누구나 만들 수 있어."와 비슷한 말을 하는 사람들이 적지 않다. 하지만 지금 그 사람들이 부자가 되지 못한 이유는 생각을 실행에 옮기지 않았기 때문이다.

　지금 우리가 사는 이 세상은 실제로 실행에 옮김으로써 '소자본으로 부자가 될' 가능성이 전보다 훨씬 크다. 잘 아는 것처럼 인터넷 사회이기 때문에 물건을 하나 팔아도 점포를 가질 필요가 없고, 막대한 인건비나 광고료도 들지 않는다.

　예를 들면 전국에 체인점을 두고 있는 대형 서점은 대도시의 좋은 자리에 넓은 점포를 내고 거액의 월세를 내고 있다. 하지만 아마존 같은 인터넷 서점은 (창고나 물류 거점은 필요하겠지만) 비용 대부분을 절감한다.

　실제로 미국 2위의 대형 서점이었던 '보더스Borders'는 아마존 같은 인터넷 서점과 전자책 출판의 증가로 인해 도산하고 말았다. 물건 판매 방법, 생각하는 방법이 크게 변하고 있기 때문이다.

　또한 홈쇼핑으로 유명해진 '자파넷 다카타'는 큐슈·나가사키의 자택에서 작은 카메라 가게를 운영했던 현 사장 다카타 아키라씨가 우연히 출연한 라디오 옥션에서 경이적인 판매를 달성한 뒤 설립한 회사다.

지금은 홈쇼핑을 통해 일본에서 세 번째로 큰 통신판매회사로 성장해, 막대한 점포 유지비와 인건비 문제로 고민하는 기존 가전제품 대량 판매점으로부터 원성을 사고 있을지도 모른다. 하지만 같은 유형의 사업이 계속 성공하리라는 보장은 없다.

TV 광고비까지 절감할 수 있다면 좀 더 싸게 사업을 할 수 있을 것이다. 예를 들면 저명한 가전제품 평론가나 가전제품 파워블로거 같은 달인達人의 칼럼을 실은 사이트에서 엄선된 제품을 판매하는 방법도 생각해볼 수 있다.

소비자의 입소문을 통해 판매량이 크게 변할 수 있다는 것도 상식이다. 따라서 페이스북 같은 소셜 네트워크 서비스를 사용해볼 수도 있겠다.

뿌린 씨는 추후 그것이 막대한 사업으로 변할 가능성이 존재하는 것이 지금 인터넷 사회의 재미있는 점이다. 그렇기 때문에 생각에서 그치지 말고 실제로 실행에 옮기느냐 그렇지 않느냐가 수년 후 미래를 크게 좌우한다.

최근 내가 놀란 것은 홈쇼핑보다 라디오 옥션이 물건 판매량이 더 많고 이익률도 높다는 점이다. 실제로 물건을 볼 수 없는 라디오 옥션이기 때문에 반품이 많을 것이라고 생각했지만 그렇지 않았다.

TV보다 라디오가 왠지 모르게 신뢰감이 크기 때문이다. 아마

매체 특성상 라디오에서 이야기하는 사람의 개성이 청취자에게 더 깊은 신뢰를 가져다주기 때문인 것 같다.

나는 이 사실을 인터넷 세계에도 적용할 수는 없을까 하고 생각해 보았다. 하지만 성공 여부는 실제로 실행에 옮기지 않는 이상 알 수 없는 일이다.

'실패할지도 몰라'가 전두엽을 강하게 자극한다

아무리 그래도 '실패를 전제'로 실행에 옮기는 사람은 없을 것이다. 따라서 '실패할지도 모른다'는 생각을 하면서 실행에 옮기는 것이 바람직하다.

예를 들면 주식투자도 다소 손해를 볼 가능성을 염두에 두어야만 한다. 실패 가능성은 언제나 있지만, 그렇기 때문에 전두엽을 더 강하게 자극할 수 있는 것이다.

순조로운 시기에는 생각하는 것처럼 느껴질지 몰라도 의외로 실상은 그렇지 않다. '아차, 실패했다!' 하는 생각이 든 순간에는 '어느 시점에서 손절매 할 것인가' '어떻게 상황을 개선할 것인가'처럼 전두엽을 활발하게 사용하게 된다.

도중에 공황장애를 일으키거나, 전과 같은 방법을 되풀이하거나, 발을 뺄 결단력조차 없어 질질 끌면서 미루는 것은 처음 실행한 일에 대한 평가를 할 수 없는 상태이다. 그것은 처음부터 실행에 옮겼다고 할 수 없다.

주식투자뿐 아니다. 실행에 옮겼을 때 예상치 못한 일들이 일어나 실패한 경우, 그 상황을 통해 배울 점은 성공했을 때보다도 더 많을 것이다. 이 말은 단지 위로하기 위한 것이 아니라 사실이다.

미국 투기자들이 자주 하는 말 중에 "실패라는 경험을 얻었다."라는 말이 있다. 이 말에 비춰 생각해 보면 실패는 새로운 미래를 개척해 나가기 위한 재산이 된다.

실패는 결코 '0'이나 '손해'가 아니다. 오히려 처음부터 실패 가능성을 철저하게 배제하면, 전두엽을 사용하지 않은 채 '안전책'만을 만들고 만다.

요점은 우연히 실패라는 결과에 직면했을 때, 실패로부터 무엇을 배우느냐이다. '큰 실패는 피하고 싶지만, 작은 실패는 상관없다'와 같은 생각으로 실패 가능성을 필요 이상으로 두려워하지 않는 것이 중요하다.

연애도 마찬가지이며, 작은 규모의 사업 역시 마찬가지이다.

월급쟁이라도 정년이 가까워지면 자신이 좋아하는 기획을 과감하게 추진할 수 있어서 의외의 성공을 거두기도 한다.

어느 대형 출판사가 출간한 거물 탤런트의 책에 관한 여담餘談

으로, 실제로 있었던 일이다. 들은 바에 의하면, 지금까지 히트작을 담당해본 적 없는 편집자가 정년을 앞두고 만든 책이 베스트셀러가 되었다고 한다.

저자가 거물 탤런트이기 때문에 초판 부수가 너무 적으면 원가가 안 맞고, 그렇다고 대량인쇄를 했다가 팔리지 않으면 큰 손해를 보기 때문에 여러 위험성들이 있었을 것이다. 원래대로라면 "크게 실수하면 다른 부서로 보내질지도 몰라."라면서 불안감에 모험을 하기 힘들었을 것이다.

하지만 정년이 얼마 남지 않았기 때문에 그는 어깨가 가벼웠으며, 실패를 두려워하지 않고 대담하게 기획을 추진했다고 한다. 그 결과 봉급쟁이 인생 9회 말에 역전 만루 홈런을 때린 것이다.

그렇게 되자 정년퇴직 후에 다른 출판사로 이직해도, 프리랜서 편집자로서 대우가 달라졌다. '실패해도 상관없다'고 자신의 생각을 바꾼 결과, 자신의 인생도 바꿀 수 있었다.

중·노년들은 나이가 들수록, 생각이 노화할수록 실패하지 않는 것을 가장 중요한 일로 여긴다. 하지만 작은 실패를 두려워해 '언제나 보수적으로, 전례대로' 삶을 살아가면 결과적으로 인생의 '더 큰 실패'를 불러일으키는 결과를 맞이하게 된다.

딱히 이렇다 할 성과는 없지만 매일 문제없이 일을 처리해 온 중장년들을 50대에 아무렇지도 않게 정리해고 하는 것이 바로 지금 사회이다.

작은 실패를 거듭하며
계속 도전하라

한두 번 실패해도 다시 도전할 수 있도록 피해를 최소화해야 한다. 다시 말해 모든 재산, 모든 활력을 사용한 도전은 실천이 아니다. 그래서 '이만큼은 허용할 수 있어' '이 선을 넘으면 안 돼' 와 같이 처음부터 한계를 정해두는 것이 현명하다.

'세븐 & 아이 홀딩스'의 CEO 스즈키 도시후미씨가 경영난에 직면한 미국 '세븐일레븐' 본사를 인수할 때에도, '이 이상 추가자금을 투입하지 않는다'는 것을 전제로 인수를 결정했다고 한다. 미리 철수 한계를 정해둠으로써 불필요한 소모를 방지할 수 있었다.

주식 초보자가 실패하는 이유는 자신이 가진 주식의 가치가 떨어질 때에 손절매를 하지 못하기 때문이다. 손절매는 손해를 확정하는 행위이기 때문에 용기와 결단력이 필수적이다. 그러므로 "이 금액까지는 손해를 봐도 괜찮다."라는 마지노선을 정해두지 않으면 계속 떨어지는 가격을 바라보며 발만 동동 구르는 형국이 되어버린다.

별다른 방법이 없으니 "가격이 오를 때까지 기다려보자." 하며 주식을 묵혀두기만 한다. 주가가 원래 가격까지 오르면 좋겠지만 더 떨어지고, 중요한 때에 써야 할 돈이 묶여 결국 옴짝달싹도 할 수 없는 곤경에 처하게 된다.

이런 일을 막기 위해서 앞서 언급한 것처럼 '매입가의 10% 하락한 시점에서 자동적으로 매각한다' 등 처음부터 스스로 한계를 정해두어야 한다. 이 손절매 발상이 실패를 염두에 두는 방법이다. 한 번의 손해를 자신의 허용범위 내로 줄이면 '작은 실패는 반복돼도 상관없다'는 발상을 하게 된다.

업종마다 다르지만 특히 의류업계는 '팔리지 않아도 손해는 적당히' 나게끔 상품을 많이 만들고 한 가지 상품이 대박나면 수십 배 이익을 보는 형태라고 한다. 다시 말해 천만 엔 이상 손해가 나지 않는 상품을 많이 만들고, 대박이 나면 억 단위의 이익을 챙기는 형태다.

의류 브랜드 '유니클로'의 야나이 다다시씨는 저서 〈1승 9패〉에서 이런 발상을 설명한다. 9패 해도 한 번만 크게 이기면 큰돈을 벌 수 있는 것이다.

반대로 리먼 쇼크 때의 많은 증권 매매업자들 같이, 평상시에는 9승 이상으로 매번 이기던 사람도 마지막 1패가 너무 크면 파산해버리는 것이다. 이 일을 통해 알 수 있는 것은 마지막 1패를 너무 커지게 해서는 안 된다는 점이다.

여담이지만 나는 이전에 아랍 대부호들이 카지노에서 돈을 거는 방법에 관해 듣고 "그렇게 하면 절대로 손해는 보지 않겠구나." 하고 감탄한 적이 있다.

어떤 식이냐 하면, 룰렛의 빨강과 검정을 두고 하는 내기에서 처음에 100달러를 걸고 잃으면 다음은 200달러를 건다. 그래도 잃으면 다음에는 400달러를 건다. 이렇게 계속 잃은 금액의 두 배를 다시 배팅하는 방식이다.

만약 3,200달러를 걸어서 땄다고 해도 그 상황에서 실제적으로 딴 금액은 100달러라는 계산이 나온다. 여기서 중요한 것은 이겼다고 해서 다음 승부에 3,200달러를 거는 것이 아니라 다시 처음으로 돌아가 100달러를 거는 것이다.

예를 들어 이번에는 2만5,600달러를 잃었다고 해도 다음 5만1,200달러 승부에서 이기면 동일하게 100달러를 벌 수 있다. 그렇게 이기면 다시 100달러부터 시작한다.

이 방법을 계속 반복하는 이상 절대 돈을 잃을 염려는 없지만, 이길 때까지 돈을 걸 수 있을 정도의 자금 여력이 필요하다. 물론 그런 아랍 대부호가 아니라면, 자신의 모든 돈을 올인 하는 승부나 마지막 승부 같은 무모한 행위는 피해야 한다.

또한 일본 '맥도날드' 창업자 후지타 덴씨는 과거에 "사업을 구상하는 사람은 전 재산의 ⅓만 사용하라."라고 말했다.

첫 번째 사업에 실패하면 왜 실패했는지를 파악하고 개선할 점을 개선한 뒤 다시 도전한다. 두 번째도 실패하면 다시 문제점을 개선한 다음 다시 도전한다. 만약 세 번째도 실패하면 사업 자체에 '소질이 없다'는 것이기 때문에 그만둔다. 그래도 빚을 지지 않았기 때문에 무엇이든 다른 길을 통해 재기할 수 있다는 발상이다.

앞서 언급한 것처럼 지금은 비교적 적은 자본으로 여러 사업을 구상할 수 있고, 사업이 성공하면 많은 이윤을 남길 수 있다. 한 번에 막대한 손실만 입지 않으면 성공할 때까지 계속 사업에 도전하는 것도 가능하다.

현재 인기몰이중인 'AKB48'(역주: 일본 여성 아이돌 그룹)도 계획을 실행에 옮긴 지 올해가 6년차라고 한다. 초기에는 일본 오타쿠(역주: 한 분야에 열중하는 사람)들에게만 알려진 비주류였다.

일반적으로 많은 사람들에게 알려진 것은 불과 1~2년 전이다. 알려지기까지는 '가면 만날 수 있는 아이돌'이라는 컨셉으로 도쿄·아키하바라 'AKB48' 무대를 거점으로 매일 공연을 하는 등 착실하게 활동을 계속해 왔다.

성공할 때까지 끈기 있게 계속 노력할 수 있도록 스폰서를 활용하거나, 이벤트를 개최한 프로듀서 아키모토 야스시씨의 상상력과 끈기가 거둔 결과일 것이다.

전두엽 생각은
'이성적인 도박꾼' 이미지

내가 "전두엽을 활성화하기 위해서는 조마조마하고 가슴 졸일 만한 일을 하라."라고 말하면 "도박을 하라."라고 권하는 것처럼 생각하기 쉽지만 물론 오해이다.

조마조마하고 가슴 졸일 만한 일을 하는 것이 전두엽에 큰 자극을 줄 수 있다. 하지만 앞서 말한 것처럼 한 번의 패배로 더는 회복할 수 없는 타격을 받는다면, 인생 자체에 문제가 생긴다.

전두엽을 활성화하려고 일생을 헛되게 한다면 본말이 뒤바뀐 형국일 것이다. 인생을 건 도박이 몇 번이나 할 수 있는 작은 도박보다 더 조마조마한 것은 사실이지만, 작은 도박으로도 충분히 전두엽을 자극할 수 있다.

예를 들면 300만 엔을 건 도박과 1만 엔을 건 도박을 생각해보라. 자극의 강도는 당연히 다르겠지만, 각각 어느 정도의 자극을 받는지는 알 수 없다.

300만 엔의 경우라고 해서 1만 엔 상황보다 전두엽을 300배 자극하지도 않을뿐더러, 한 번 큰 도박을 하는 것보다 작은 도박을 300번 즐기는 것이 훨씬 효과적이다. 또 1만 엔이라도 실제 자신의 돈으로 도박을 해보면 조마조마하게 느끼는 사람이 분명히 많을 것이다.

이처럼 도박과 같은 요소는 전두엽 자극에 중요하다. 하지만 허세를 부려선 안 된다. 살아남지 않는 이상 도박사는 될 수 없다.

그런 의미에서 '전두엽 생각'은 어디까지나 '이성적인 도박'을 하는 것이 중요하다. 전두엽은 인간적 이성을 관장하는 곳이기 때문에 '파멸형 자아도취'와는 다르다.

그러므로 연애를 할 때에도 결국 파국으로 치닫는 막장 드라마를 예상해서는 안 된다. 영화와 드라마로 만들어진 〈실락원〉은 서로 너무 좋아한 나머지 마지막에는 동반 자살해버리지만, 그런 파멸적인 결말은 전두엽을 사용한 생각이 결코 아니다.

어느 정도 성공 가능성이 있어(불륜은 이성적으로 적당히 하라) 그 성공을 위해 여러 가지 시도를 해보지만, 상대가 순순히 자신의 생각대로 반응을 보이지 않는 멜로드라마 같은 연애를 하기 바란다.

또 지나치게 큰 승부를 하는 사람은 어떤 이유에선가 대개 마음속으로 '분명히 성공할거야' '100% 성공한다' '손해를 볼 리 없어' 하는 생각에 빠진 경우가 많다.(아무런 생각 없이 무작정 달려드는 사람도 있다) 나아가 애초에 실패를 예상하지 않기 때문에 위험 관리책을 세우지도 않는다.

이것을 정신의학 용어로 '과대감誇大感'이라고 부르는데, 억측과 동시에 발생하며 실패했을 때 파산할 정도로 돈을 쏟아 붓게 만든다.

옛날 골프 회원권이나 IT 거품, 최근 무슨 일이 있어도 절대로 망할 것 같지 않던 도쿄전력의 주식을 정기예금 대신 계속 사들였던 사람들(도쿄전력 주식 매입을 도박인 것처럼 지칭하는 것은 안타깝지만) 중에 실패한 사람들도 많을 것이다.

흔히 말하는 '용기 있는 남자'란 대담한 행동과 젊은 생각을 하는 사람이라고 생각하기 쉽지만, 착각해서는 안 된다. 설령 사람들로부터 소심하다는 말을 들어도, 한 번에 큰 실패는 하지 말아야 한다.

'이성적인 도박사' '패배를 예상할 줄 아는 승부사'가 전두엽으로 생각하는 사람들의 모습이다.

제5장

전두엽을
활성화하는
뇌에 좋은 습관

제5장 전두엽을 활성화하는 뇌에 좋은 습관

뇌가 잘 작동하는 조건을
갖추어야 한다

　지금까지 생각의 노화 방지의 중요성과 그 방법에 대해 기술했다. 그런데 생각의 배경에 있는 '뇌에 좋은 생활'(습관)을 생각하는 것도 역시 필요하다.

　아직 현역인 40·50대는 자신의 젊음이 시간과 함께 없어진다는 사실을 견디기 힘들다. "저 사람도 이제는 나이를 먹었군." "생각법이 구식이 되었다."라는 등의 말을 주위로부터 듣기를 원하지 않는다. 자기 스스로도 아이디어가 떠오르지 않게 되었다고 느낀다면 점점 초조해질 것이다.

　그럼에도 "가는 세월을 그 누가 막으랴." 하면서 포기하기 십상이지만, 애초에 '가는 세월'이란 자신의 연령과 함께 뇌에 생기는 문제가 원인이다. 이 연령대의 뇌에 어떤 일들이 일어나는지 다시 한 번 정리하면 크게 다음 4가지로 나눌 수 있다.

1. 전두엽의 노화(위축)

의욕, 호기심, 창조성, 계획성 등 인간다운 지성을 담당하는 전두엽은 빠르면 40대부터 위축되기 시작한다. 생각이 단조롭게 변하며 감정 제어가 힘들어진다.

2. 세로토닌 같은 뇌 내 전달물질 부족

세로토닌이 감소하면 우울증에 걸리기 쉽다. 일시적인 감소라도 의욕이 저하되거나 쉽게 화를 내는 등 마음 상태가 고르지 못하게 된다.

3. 동맥경화

뇌동맥 경화가 진행되면 자발성이 사라진다.

4. 남성호르몬 감소

공격적인 성향이 줄어들며, 우울증과 집중력 결여가 나타난다. 남성호르몬은 정소精巢에서 분비되는데, '분비하라'는 지령은 대뇌 시상하부가 내린다. 뇌하수체가 그 명령을 받아 정소를 움직이게 한다.

연령에 따라 변하는 이런 생물학적 배경을 안다면, 식사를 비롯한 생활습관 개선을 통해 뇌가 더 잘 움직일 수 있는 조건을 만들어야 한다는 것도 알 수 있다.

예를 들어 젊은 시절에는 아침식사를 거르고 일을 해도, 몸이 다소 나른하고 기분이 가라앉는 것 외에는 정상이었을 수 있다. 그러나 중·노년이 되면 신경이 한없이 날카로워지고 초조해진다.

이것은 일반적으로 나이가 듦에 따라 체력이 떨어지기 때문이다. 젊을 때에는 너무 바빠 하루 종일 밥을 먹지 않아도, 밤을 새도 큰 불편을 느끼지 못하고 회복도 빠르다. 그러다가 중·노년이 되면 금방 '연료가 떨어져버리고' 만다.

하지만 원인을 알면 대책도 세울 수 있다. "늙었으니 어쩔 수 없지." "자연의 섭리를 어떻게 거스르겠어."라며 포기할 필요는 없다.

여기서는 지금까지의 내용과 다소 중복되는 부분이 있을 수 있지만, 뇌를 건강하게 만들기 위한 조건과 생활습관에 대해 다시 한 번 구체적으로 설명하고자 한다.

먼저 우울증과
남성갱년기 예방을 의식하라

중장년 남성이 최근 식욕이 감퇴하고 저돌적 성향과 창의성 저하를 느낀다면, 두 가지를 조심해야 한다. 제1장에서 설명한 것처럼 우울증과 남성갱년기이다.

만약 기분이 가라앉은 상태가 장기간 지속되며, 밤에 잠이 안 오고 식욕도 없다면 일단 우울증을 의심해볼 수 있다.

앞서 기술한 것처럼 세로토닌 같은 뇌 내 신경전달물질은 나이가 듦에 따라 감소한다. 세로토닌은 다른 신경전달물질인 도파민(기쁨, 쾌락)이나 노르아드레날린(두려움, 놀람) 등의 정보를 제어해 신경을 안정시키는 역할을 한다.

일반적으로 세로토닌이 부족하면 우울증에 걸리기 쉽다. 흔히 '마음이 약한 사람이 우울증에 걸리기 쉽다'고 오해하는 사람들이 있는데, 우울증은 명백한 생물학적 병이다. 그러므로 우울증을 예방하기 위해서는 무엇보다 세로토닌 부족을 피해야 한다.

세로토닌을 생성하기 위한 재료는 필수 아미노산의 하나인 트립토판이다. 이것은 육류에 많이 포함되어 있기 때문에 일상생활에서 고기를 충분히 먹으면 재료 부족으로 세로토닌을 만들지 못하는 상황은 피할 수 있다.

"고기를 섭취하라."라고 말하면 콜레스테롤이나 복부비만을 걱정하는 사람들이 있을 수 있다. 하지만 우리 정신과 의사들은 콜레스테롤을 뇌에 세로토닌을 공급하는 중요한 원천 물질로 여긴다.

애초에 '복부비만이 몸에 좋지 않다'는 상식은 잘못된 것이다. 더 자세한 것은 내 저서 〈참으니까 늙는다〉를 보기 바란다. 중·노년이야말로 고기를 충분히 먹어야 건강에 좋다. '검소한 음식이 몸에 좋다'는 것은 명백한 맹신에 불과하다.

또 우울증은 인지認知 면에서 예방이 중요하다. 제3장에서 기술한 것처럼, 사물을 '전부 혹은 전무all or nothing'로 여기거나, 흑백논리 같은 이분법적 생각법을 가진 사람은, 약간만 안 좋은 일이 있으면 모든 것을 부정적으로 생각하기 때문에 우울증에 걸리기 쉽다.

반대로 '세상에는 여러 가지 가치관이 존재한다'고 회색지대를 인정하는 생각법을 가진 사람은 우울증에 잘 걸리지 않는다.

한편 남성갱년기는 남성호르몬(테스토스테론)의 분비가 떨어지기 때문에 일어난다. 이 시기에는 적극성이 떨어지고 의욕과 판단력이 저하한다. 사춘기는 아이에서 어른으로 변하는 시기라고 불린다. 마찬가지로 갱년기는 성인에서 노인으로 변하는 시기라고 할 수 있다.

앞서 언급한 것처럼 남성은 여성과 달리 폐경과 같은 확실한 징후가 없기 때문에 이를 알아차리기 힘들다. 하지만 빠른 사람은 30대 후반, 일반적으로는 40대에서 50대 사이에 남성갱년기가 나타난다.

이 시기에는 강한 피로감이나 어깨, 등의 근육통, 어지러움, 발열, 홍조증 그리고 우울증에 걸리기도 한다. '요새는 아침에 일어나도 아랫도리에 힘이 들어가지를 않네' 하고 느낀다면 남성갱년기 가능성을 염두에 둘 필요가 있다.

실패할 가능성이 없으면 '실험'이 아니다

호기심의 중요성에 관해서는 앞서 설명하였다. 중요한 것은 호기심을 구체적인 행동으로 연결시키는 것이다.

예를 들면 TV나 잡지를 통해 '맛있는 라면집 베스트 30'과 같은 특집을 자주 접하게 되는데, 그런 기사를 보고 '먹어보고 싶다' 하는 가게가 있으면 적극적으로 가보는 것이다. 혹은 '최고의 요리 비결' 같은 요리 방송을 보고, 실제로 만들어보는 것이다.

흥미가 생기면 무엇이든 실제로 행동해보자. '귀찮아' 하는 생각에 아무것도 하지 않으면 전두엽의 노화를 막지 못한다.

또 자신의 호기심에 따라 솔직하게 행동하기 위해서는 '실험정신'이 필요하다.

예를 들면 요리를 할 때 요리법 그대로 만드는 사람과, 요리법을 참고하지만 맛을 보며 자신이 좋아하는 맛으로 만드는 사람이 있다. 물론 후자가 전두엽을 사용하는 사람이다. 그런 사람은 조미료 배합을 연구하거나 향신료를 바꾸는 등 자기 나름대로 변화를 가하는 것이 특기이다.

한편 회사에서도 시키는 일 이외에는 하지 않거나, 틀린 지시를 받아도 그대로 하는 사원이 문제시 된다. 학교에서 공부만 하던 사람들 중에 이런 사람이 많다. 이것 역시 전두엽을 사용하는 습관이 결여되어 있기 때문이다.

또 고등학교의 이과 실험 등에 의해 전두엽이 자극된다거나, 과학적인 주제에 관심을 갖게 된다거나 하는 것은 아니다. 왜냐하면 그것들은 정해진 순서대로 정해진 일을 하는 '확인 작업'에 불과하기 때문이다.

그런 상황에서는 실험에 성공하는 것이 당연하며, '예상 외'의 사건을 체험할 수 없다. 대학 수준에서는 학생이 실패할 가능성이 있는 실험도 하게 하지만, 고등학교까지는 교과서에 쓰여 있는 그대로 결과가 나오는 실험밖에 하지 않는다.

플라스크나 메스실린더 같은 실험 도구의 사용법을 익힐 수는 있어도, 도구 사용법이 실험의 본래 취지는 아니다. 정리하면, 일본 고등학교까지의 이과 실험은 학생에게 요리법대로 요리를 만들도록 지시하는 것에 불과하다. 그것은 절대로 실패를 경험하지 못하는 '요리 교실'인 것이다.

그렇기 때문에 앞서 말한 것처럼, 내가 '이과 실험 따위는 듣지 않아도 좋다. 그 시간에 다른 공부, 이를테면 문제집이라도 조금 더 푸는 것이 도움이 된다'고 글을 썼더니 "그렇게 하면 일본에서 더는 노벨상 수상자가 나오지 않게 된다."라고 비판하는 사람이 있었다.

하지만 '확인'에 불과한 이과 실험에서 독창성과 창의력 등은 키울 수 없으며, 전두엽도 발달하지 않는다. 삼성급 레스토랑의 요리사는 그런 요리 교실을 통해 일류가 된 것이 아니다.

실험정신이란 실험실에서 교수가 하는 말을 그대로 따라해서 키울 수 있는 것이 아니다. 그보다 와다식 암기수학의 효과를 스스로 시험해보는 편이 더 실험적이다.

'실험'의 의미를 실험실과 같은 환경에서 '실제로 해보자'는 의미로밖에 받아들이지 못하는 사람이 많은데, 실패할 가능성이 없는 실험은 실험이라고 부르지 않는다.

손님이 끊이지 않는 인기 라면가게가 정말로 맛있는 가게인지는 알 수 없다. 가격이 비싸다고 맛있는 가게라고 단정 지을 수도 없다.

하지만 실패를 두려워하지 않고 자신의 호기심에 몸을 내맡기고 실행에 옮기는 것이 '실험정신'이다. 그것이 전두엽을 크게 자극한다.

나이가 들수록
자신의 호기심에 정직해져라

젊은 시절에는 바보 같은 일들을 많이 저지른다. 그런 바보 같은 일을 하지 않게 되면 어른이 되었다고들 흔히 생각한다. 하지만 의외로 이것도 단순히 나이를 먹으면서 호기심이 위축되거나, 행동으로 옮기는 능력이 저하되었기 때문일 가능성이 높다.

그러므로 중·노년이 되면 자신의 호기심이나 실험정신에 저항하지 않으려고 의식적으로 더 노력해야 한다. 반대로 말하면 전두엽이 노화하지 않은 젊었을 때가 더 진지하게 살아도 되는 시기이다.

예를 들면 "싼 술집 접대부는 꼬시기 쉽다."라는 이야기가 있다. "비싼 술집은 접대부의 수입도 높고, 손님 수준도 높기 때문에 꼬시기가 어렵다. 싼 술집 접대부는 택시비도 없으니까 꼬시기 수월하다."라고 말하는 사람이 주위에 한두 명은 있을 것이다.

이런 주제의 이야기를 싫어하는 사람이라면 처음부터 "쓸데없는 소리를 지껄이는군." 하며 무시해버릴 수 있다. 하지만 호기심과 실험정신의 관점에서 말하자면, 권유 받았을 때에 조금이라도 흥미를 갖는다면 같이 가보는 편이 낫다.

'내 나이가 몇인데, 그런 곳에는 갈 수 없다' 하고 생각할 법한 장소일수록 일부러 가보지 않으면 호기심 자체가 줄어들기 때문에 그 뒤로도 더 가기 힘들어진다.

내가 30대 초반일 때, 나쁜 친구의 꾐에 넘어가 난생 처음으로 전화방이라는 곳에 간 적이 있다. 1990년대 이야기이므로 모르는 독자를 위해 설명을 하자면, 남성이 별실에 들어가 기다리고 있으면 여성에게서 전화가 걸려온다. 그 여성과 대화를 어떻게 하느냐에 따라 데이트나 헌팅도 가능한 업소이다.

실제로 가보고 처음으로 깨달은 것은 '이렇게 전화를 받기가 힘들다니!' 하는 것이다. 전화벨이 울린 뒤 받으면 이미 늦는다. 벨이 울리기 전 램프가 빛나는 순간에 수화기를 들지 않으면 기회를 다른 손님에게 빼앗겨버린다.

그 사실을 깨닫고 나서 '아, 난 아무리 해도 안 되겠다' 하고 느꼈다. 내게는 동물적 순발력이 없기 때문이다.

1시간 뒤, 같이 간 친구가 "몇 통이나 받았냐?"라고 물었다. 내가 솔직하게 "한 통도 못 받았어."라고 답하니, 그는 "느려 터졌구먼." 하며 비웃었다. 하지만 실제로 그런 곳에 가보고 처음으로 '이런 곳도 있구나' 하고 느끼게 된 것이다.

자신에게 지나친 도덕적 구속을 가하지 말아야 한다. '재미있을 것 같다' '정말일까?' 하고 호기심을 자극하는 것들이 생기면 실험해볼 필요가 있다. 지적 호기심이든, 식욕을 자극하는 호기심이든, 혹은 성욕을 자극하는 호기심이든, 정말 쓸데없는 일이든 간에 나이가 들면 들수록 자신의 호기심을 억제하지 말아야 한다.

하지만 '양심의 가책을 느낀다'라든가 '사회적 지위가 있기 때문에 누군가에게 들키면 좋지 않은 일이 생긴다'는 경우라면 강요할 수 없을 것이다.

서슴없이 실행에 옮길 수 있는 간단한 예로서, 맛있는 음식에 흥미가 있다면 백화점 지하매장을 추천한다. 물건이나 가게가 정기적으로 바뀌며, 특설 코너 같은 경우는 미처 사지 못하고 내일 다시 찾아가보면 코너 자체가 없어져버리는 경우도 있다.

맛있어 보이면 시험 삼아 한 번 사서 먹어보라. 마음에 들면 포장지를 따로 보관해두었다가 다음에 다시 한 번 사서 먹어볼 수도 있을 것이다.

세상을 다 아는 양 착각해 극단론을 배제하지 마라

자신의 주장과 다른 책은 읽지 않는 사람들이 많다. 우파인 사람은 좌파가 쓴 책을 읽지 않으며, 좌파인 사람은 우파의 책을 읽지 않는다. 자신과 완전히 반대되는 입장의 책을 읽으면 비평하는 힘을 기를 수 있다고 제3장에서 말했다.

마찬가지로 전두엽 자극에 효율적이 것 중 하나가 '극단적 논리'이다. 때때로 '극단적 논리'를 기술한 책이 베스트셀러가 되는 경우가 있지만, 저항감에서 책을 사지 않는 사람들이 많다.

예를 들면 '1달러 60엔 시대'라는 말은 그럴듯해 보일 수 있지만, '1달러 30엔 시대' '1달러 300엔 시대'라는 말을 들으면 '아무리 그래도 과장이 지나치네'라는 생각에 책을 거들떠도 보지 않는다.

하지만 반대로 생각할 필요가 있다. 전두엽 훈련을 위해 '극단적 논리'에도 귀 기울일 필요가 있다.

물론 내용을 받아들이기 힘들 수 있지만, '내 주장과 전혀 다른 입장의 책'과 마찬가지로 비평하기 쉽고 지적하기 쉽다. 나아가 '이런 생각도 가능하구나'라는 생각을 할 수 있으면, 자신의 상상을 뛰어넘는 아이디어를 만들어낼 수도 있다.

한편 〈연 수입 300만 엔 시대〉〈석유 1배럴이 100달러를 넘어선다〉 등은 책이 나올 당시에는 '극단적 논리'처럼 보였다. 하지만 지금은 현실이 되었다. 이런 책들도 적지 않다.

공부든 독서든 간에 자신이 언제든지 할 수 있는 일을 확인하기 위해 한다면 그다지 의미가 없다. 알고 있는 범위 내의 일은 아무리 계속해도 새로운 지식이 되지 않기 때문이다. '극단적 논리'나 젊은 사람의 의견을 거칠다고 생각할 수도 있다. 하지만 그것들은 자신의 스키마를 다른 방향에서 부순다.

또 앞서 언급한 것처럼 나는 항상 '상속세 100%' 정책을 주장해, 극단적이라는 비평도 받고 있다. 하지만 부자 고령자가 돈을 쓰지 않는 이유는 '자식들에게 물려주기 위해서'이기 때문에, 상속세를 높임으로써 부자는 돈을 쓰게 되고, 경기가 좋아질 가능성이 있다.

그런데 70%도, 90%도 아닌 100%여야 하는 이유는 상속세 대상에 예외를 만들기 쉽기 때문이다. 예를 들면 상속인이 미성년 아이, 장애자, 간호가 필요한 사람인 경우이다.

이것 역시 극단적일 수 있겠지만, 가령 농업 진흥을 위해 지방 농업을 이어받는 사람에게는 상속세를 0%로 정했다고 하자. 현재는 3형제라면 ⅓씩(부모가 생존해있다면 자식은 ⅙씩) 상속을 받는다.

그런데 고향에서 농업을 하는 사람만이 상속세 0%의 혜택을 받을 수 있다면, 도시생활을 하는 형제들은 어차피 100% 세금으로 나라가 가져가기 때문에 서로 합의하에 상속을 방치할 것이다. 만약 형제 사이가 나쁘다는 등의 이유로 방치하지 않는 경우에는 국가에서 그 재산을 징수한다.

따라서 농지 현물 납부의 경우에는 국가가 농사를 시작하고자 하는 사람에게 그 토지를 싸게 빌려줄 수 있다. 이런 예외는 상속세 100%인 경우에 성립하기 쉽다.

한편에서는 상속세 0%를 주장하는 사람도 있다. "상속세는 이중과세이기 때문에 (각종 세금을 제외하고 남은 금액이 상속재산이기 때문이다) 0%로 해야 한다."라는 것이 그들의 이유이다. 실제로 어떤 나라에서는 0% 상속세를 실시하고 있기도 하다.

세상은 양극단의 의견 속에 여러 가지 의견이 존재하며, 의논과 타협 등을 통해 돌아가고 있다. 나이가 들면 점점 그러한 '세상의 구조'를 알아가기 때문에 '극단적 논리'를 처음부터 배제하게 된다.

게다가 전두엽이 노화하면 할수록 '극단적 논리'에 귀를 기울이지 않게 되기 때문에 고령사회로 변하면 점점 더 어중간한 생각만 만연하기 쉬워진다.

강한 자극이 아니면
감정 변화를 유발하기 힘들다

10대 후반 여성들은 "낙엽만 떨어져도 웃는다."라고 한다. 그만큼 젊은 시절에는 어떤 자극에도 쉽게 반응을 보인다.

지방에서 도쿄로 상경한 것만으로도 감동하고, 처음으로 프랑스 요리를 먹을 때에는 "이렇게 맛있는 요리가 있었다니!" 하면서 놀란다. 남녀 관계도 일단 자신에게 애인이 있다는 사실 자체로 만족을 느낀다.

그런데 중·노년이 되면 사소한 일들로는 마음에 전혀 변화가 없다. 그 이유 중 하나는 자신의 인생을 통한 경험으로, 대부분의 일들은 결과를 예상할 수 있게 되었기 때문이다.

인간의 감동은 미리 예상한 값과 실제 체험을 통해 느낀 값의 차이에서 발생한다. 따라서 여러 가지 인생 경험을 쌓으면 어떤 것에서든 새로움이 반감되기 때문이다.

게다가 전두엽 기능이 저하되면, 강한 자극이 아닌 이상 감정의 변화를 느끼기 힘들게 된다. 요컨대 '마음의 감도'가 떨어지는 것이다. 마음이 무뎌져 웬만한 일에는 감정이 변화하지 않는 상태라고도 하겠다.

그러므로 나이가 들면 들수록 더 본격적으로, 더 자극이 강한 것을 스스로 의식하고 찾는 것이 중요하다.

TV 예능 프로그램을 봐도 재미가 없으면, 우에노(역주: 일본 내 지명) 스즈모토 극장(역주: 만담 공연을 하는 곳)에 만담을 들으러 가거나, 오사카라면 난바 그랜드 카게키(역주: 코미디 공연을 하는 곳)에 간다면 역시 포복절도할 수 있을 것이다.

옛날에는 "나이가 들면 강한 자극은 피하는 편이 낫다."라는 말을 자주 들었다. 그 말은 전두엽과 관련해서는 정반대되는 이야기이다.

정년을 맞이하여 '평생에 한 번쯤은 포르쉐를 타고 싶다'는 생각이 들었다면, 퇴직금을 모두 사용해서라도 포르쉐를 구입하라. 실제로 포르쉐를 비롯해 닛산 페어레이디Z나 GT-R 등은 이런 중·노년층의 수요가 많다고 한다.

요즘 젊은이들은 자동차에 그다지 흥미가 없고 그럴 여유도 없다. 또 스포츠카에 대한 동경도 없어진 지 오래 되었다. 오히려 중·노년층에서 자동차에 관한 강한 자극과 감동을 구하는 사람이 많다는 것이다.

또 "노년이 되면 여자를 보는 눈이 한없이 낮아져 치마만 둘러도 좋아한다."라는 무례한 말을 하는 사람도 있다.

노무라 가쓰야 감독과 노무라 사치요 부인이 그러한 야유의 대표적인 대상(역주: 미남 추녀 커플)일 수 있겠지만, 외모를 초월해 '여장부 유형'의 여성을 부인으로 둔 유명인들이 적지 않다. 작가 모임에서도 외모상으로는 전혀 인기 없어 보이는 여성이 인기녀인 경우도 종종 있다.

이런 일들로 인해 "여자이기만 하면 다 좋은 거지?"라는 말을 듣게 된다. 그것은 지나치게 표면적인 시선에 불과하며, 외모로만 여성을 판단한다는 자신의 기준을 드러내는 셈이다.

이런 여성에게 매료된 남성에게 있어서 강한 자극이란, 매력적인 화술이나 서슴없이 자신의 단점을 말해주는 모습이다. 매력을 느끼는 관점이 단순히 예쁜 외모에 국한되지 않기 때문이다.

유명인이거나 사회적 지위가 높은 사람일수록 여기저기 술집에 가서 젊은 아가씨들이나 미녀 마담을 자주 접하며 실제로 그들과 여러 가지 경험을 쌓아왔을 것이다.

그런 뒤 '이 여성이 나와 가장 잘 어울려' '자극적이다' 하는 결론을 내린 것이기 때문에, 여성의 얼굴만 보고 '여자를 보는 눈이 이상해졌다'고 판단하는 것은 일면밖에 보지 못하는 완전한 오해일 것이다.

뇌 훈련은
전두엽의 혈류량을 증가시킨다

지금으로부터 5년쯤 전에 '두뇌 트레이닝'이 일대 붐을 일으키던 광경이 아직도 생생하다. 닌텐도DS 전용 게임이 큰 인기를 모으고, '곱셈 연습' '한자 읽기' 같은 뇌에 도움이 될 법한 여러 가지 문제집들이 많이 나왔었다.

하지만 유행이 사그라지자 반대 의견도 속출했다. 최근에는 "실제로는 뇌에 그다지 도움을 주지 못한다."라는 말도 있다.

그렇지만 전두엽의 혈액 순환을 돕는 효과 등 생물학적 자료를 보면 거짓은 아닐 것이다. 하지만 진짜 문제는 "뇌 연령이 젊어졌다, 좋아졌다."라며 만족해버리는 데 있다.

예를 들어 '두뇌 트레이닝'이든 '한자 읽기'이든 그것만 하면 뇌가 좋아진다고 생각하면, 기대한 만큼 효과를 얻기 힘들다. 다시 말해 '두뇌 트레이닝'이면 '두뇌 트레이닝' 게임에 익숙해질 뿐, 꼭 전두엽의 기능 향상으로 이어진다고 하기는 힘들다.

그렇기 때문에 중요한 것은 전두엽의 혈류량이 증가했을 때, 맛있는 음식을 즐기기 위해 거리로 나간다든가, 책을 읽으며 비평을 해보는 등 게임이 끝난 뒤에 무언가 활동을 하는 것이다.

계산이나 한자 읽기 연습을 매일 하는 초기 치매 노인들을 가끔 접하게 된다. 물론 아무것도 하지 않는 것보다는 도움이 되겠지만, 실은 그 후에 산책을 나가거나 행사 구경을 간다면 더욱 효과적일 것이다.

다시 말해 전두엽이 활성화되어 있을 때, '자 이제 어떤 일을 해볼까?' 하고 생각하는 순간이 더욱 중요하다.

'곱셈 연습'으로 아이들의 학력을 증진시킨 가게야마 히데오씨의 방법도 5분 동안 곱셈 연습을 한 다음 정규 수업을 듣는 것이었다.

말하자면 계산이나 한자 연습은 '두뇌 준비운동'이며, 그 후에 정규 수업을 들으면 아이들의 의욕도 높아지며, 이해력도 좋아진다는 의미이다. 준비운동만 하고 실제 운동을 하지 않는다면 당연히 효과가 없을 것이다.

이처럼 준비운동이든 기초체력 향상이든 간에 하지 않는 것보다는 하는 것이 도움이 된다. 그런 의미에서 계산이나 한자 연습은 상당히 효과적인 방법이긴 하다. 그렇지만 진의를 이해하지 못하고 계산 연습이나 한자 연습 자체가 목적이 되어버리지 않도록 조심해야 한다.

무슨 일이든 심드렁한 반응을 보이는 사람이 전두엽의 혈류량이 증가하면서 갑자기 의욕적으로 변하지는 않는다. 하지만 계속 호기심을 자극하는 일들을 꾸준히 찾아 실천에 옮기면 생각이 젊어질 수 있다.

뇌의 영양 상태나 수면처럼 생물학적 요소를 조절하는 활동의 일환으로 이 방법을 실천해보기 바란다.

공황상태와 전두엽 질식에서
벗어나는 법

 울렁증, 호흡 곤란, 어지러움증과 함께 강렬한 불안감에 사로잡히는 '공황장애'라는 신경질환이 있다.
 그 단계까지 가지 않더라도 공황상태에 빠진 사람의 전두엽을 조사해보니, 전두엽에 산소량이 줄어 있다는 것을 알 수 있었다. 그런데 그 사람이 약간 미소를 띠거나 귀여운 어린아이나 강아지의 사진을 보면 산소량이 회복된다고 한다. 이것은 도쿄대 대학원 정보학회에 있는, 이토 켄 조교수의 저서에 소개돼 있다.
 일시적이긴 하지만 전두엽이 질식 상태에 빠져 기능을 제대로 발휘하지 못할 때, 공황장애가 발생하는 것 같다. 하지만 "아드님이 사고를 당했습니다."라는 말을 듣고 당황해 허둥대는 순간 등에도 같은 상태에 빠져 있을 것으로 생각된다.
 실제로 보이스 피싱 같은 전화사기도 이런 상태를 교묘히 이용하는 수법이다.
 전두엽에 산소가 충분히 공급되고 있다면, 사기꾼이 아무리 속이려 해도 '냉정하게 생각해보면 어딘가 이상한데'라는 이성적인 반응이 가능하다. 적어도 "사실을 확인해보고 정하자." "먼저 가족과 상의해보자."라면서 곧장 결론을 내리지 않는다.
 하지만 사기꾼은 "빨리 결정하지 않으면 늦는다."라는 등의 말을 통해 허둥대게 만들고 성급히 결론을 내리게 만들어 상대방의 전두엽을 무력화시킨 뒤 속이는 것이다.

　이러한 사기꾼을 만나지 않는다고 해도, 일상생활에서 "내일이 마감인 과제를 아직 끝마치지 못했어."라든가 "꼭 해야 하는 일이 산더미처럼 많은데, 무슨 일을 먼저 해야 할지 모르겠어." 등과 같은 당황스러운 상황은 누구라도 종종 경험해보았을 것이다.

　전두엽이 질식 상태에 빠지는 상황은 우리 주변에서 자주 일어난다. "긴장해서 시험문제를 제대로 못풀었어."라고 하는 것도 전두엽 질식이 원인일 것이다.

　'난 지금 약간 당황한 것 같은데' 하고 느낄 때에는, 심호흡과 함께 약간의 농담을 통해 웃어보는 것도 한 가지 방법이다. 마음을 평온하게 해주는 사진을 보는 등 급해진 마음을 가라앉히기 위해 노력해야 한다.

　할리우드 영화를 보면 가끔 주인공들이 위험한 상황에 처했음에도 농담이나 욕설을 날리며 그 상황을 타개하는 장면이 나온다. 주변의 위험한 상황은 변함이 없지만, 웃음을 계기로 자신과 주위사람들이 냉정함을 되찾는 것이다.

　전두엽의 질식을 막는다는 관점에서 보면, 이는 매우 적절한 행동이라고 할 수 있다.

인내 · 절제하면
전두엽의 움직임이 나빠진다

 일반적으로 '강한 자극'을 주는 체험을 할수록 전두엽은 활발하게 움직인다. 반대로 참을성을 심하게 강요하거나, 과도한 절약으로 인해 금욕적인 생활을 계속하면, 생각은 틀에 박힌 듯한 기계적인 생각으로 변한다. 따라서 자유로운 발상이 불가능해진다.
 "인간은 어떤 상황에도 적응할 수 있는 동물이다."라는 말이 있다. 북한 같은 독재국가에서 가난한 생활을 강요당하는 국민이나, 수용소에서 강제노동으로 고생하는 사람들은 하루하루가 엄격히 기계화되어 있다.
 그 때문에 그들은 전두엽의 움직임이 둔해져 있으며, 불만을 표출하지 못한다. 그것은 가능한 한 국민이 전두엽을 사용하지 못하게 억제하려는 정권의 의도일지도 모르겠다.
 또 소설이 잘 팔리지 않아 가난에 허덕이는 작가는 있지만, "의식적으로 금욕적인 생활을 하는 것이 상상력을 샘솟게 한다."라고 말하는 사람은 아직 없다. "섹스를 참아야 글을 쓸 수 있다."라고 말하는 포르노작가는 있지만, 그가 음식마저 변변치 못한 음식으로 견디는 것인가 하면 그것은 아닐 것이다.
 일반론부터 말하자면 예술가들 중에는 금욕, 인내, 절제하며 사는 사람이 적다.

무뢰배 작가, 기행으로 잘 알려진 음악가 등 파란만장한 일생을 보낸 사람이 셀 수 없을 정도로 많다. 다자이 오사무처럼 파탄적인 생활까진 하지 않아도, 술과 여자를 가까이하며 주간지 가십기사에 자주 오르내리는 사람은 적지 않다.

쾌락을 지향하는 예술가는 예나 지금이나 많다. 무엇보다 맛있는 음식을 좋아하는 사람들이 많다. 적어도 기계적인 생활을 하는 예술가는 없다.

참지 않고 마음대로 행동하고 즐기는 것이 전두엽을 자극한다는 방증일 것이다.

형식에 얽매이지 않는 자유로운 것을 배우라

'정년퇴직 후 시간이 많아졌으니 취미로 뭔가를 배워볼까' 하는 마음에서 학원을 다니는 사람들이 많다. 뇌의 노화를 막기 위한 좋은 방법이니까, 영어회화든 컴퓨터교실이든 일본무용이든 뭐든 상관하지 말고 배우길 바란다.

하지만 중·노년이 새로운 취미를 시작한다면 '형식'대로 움직여야 하는 것보다는 자유로움이 큰 공부를 하기 바란다.

꽃꽂이 같은 경우에는 일반적으로 "형식을 최대한 몸에 익힌 뒤, 형식에서 벗어난 창작을 하라."라고 가르친다. 그 중에는 형식에 심하게 집착하는 유파가 있고, 그렇지 않은 유파가 있다고 한다.

내가 만든 두 번째 영화에는 탱고를 추는 장면이 있었다. 그래서 탱고 선생님을 모신 적이 있었는데, 그때 탱고는 원래 일본 전통무용과 비슷하다는 이야기를 들었다.

다시 말해 지켜야 할 형식이 별로 없으며, 음악에 맞춰 몸을 흔들면 된다는 것이다. '남자가 어떤 행동으로든 여자를 잡아당기면 된다'는 대담한 마음과 자세가 중요하다 것이다.

중·노년은 자신의 나이를 의식해서인지, '제대로 배우고 싶다'는 생각에 정통 유파에 입문하는 경우가 많다. 그러나 전두엽을 자극하기 위해서는 형식을 중시하는 곳은 추천하고 싶지 않다. 선생님의 본보기를 그대로 따라하면 "참 잘했어요." 하고 칭찬받는 연습은 스스로 연구하고 노력할 여지를 남기지 않기 때문이다.

본보기에 가까워지겠다는 목표가 확실하기 때문에, 목표에 가까워지면 가까워질수록 실력도 늘고 안도감과 재미를 준다. 특히 중·노년이 되면 그런 경향이 강해진다.

하지만 나이가 들면 들수록 형식에 얽매인 일밖에 하지 못하게 되며, 형식에 몸을 맞추다보면 결국에는 전두엽을 전혀 사용하지 않게 변하기 쉽다. 이래서는 중·노년이 무언가를 배움으로 얻게 되는 효과가 크게 줄어드는 것이다.

현대 아트만큼 전위예술적인 꽃꽂이라면, 무엇이 좋은 점인지, 어떻게 평가를 받을지 알기 힘들기 때문에 표현을 스스로 생각하게 되며 자연스럽게 자신의 감각도 말할 수 있다. 하지만 학교교육을 통해 익숙해진 '본보기를 그대로 따라한다'와 같은 습관은 중·노년이 되어도 좀처럼 고치기 힘든 것이다.

물론 젊은 시절에는 사회 규칙이나 기초학력을 습득하기 위해서라도 형식을 익힐 필요가 있다. 그런 형식을 익히지 못한 사람은 '독창성'을 아무리 주장한들 의미가 없다.

하지만 나이가 들면 형식보다 자신만의 독창성이 필요해진다. 예를 들어 도자기공예는 비교적 자유로운 발상이 가능하며 그것이 높이 평가받는 분야이지만, 나이가 들수록 기술을 중요시하는 경향으로 흐르기 때문이다.

사진교실 강사를 하는 카메라맨이 이런 이야기를 했다.

꽃 사진을 찍은 참가자들을 모아 강평회를 열면 "노출을 여기에 맞추면 더 좋겠어." "피사체 심도를 낮게 해 배경을 흐릿하게 하면 좋아."라고 하는 등 멋대로 기술을 지도하며 '선생님 놀이'를 하는 중·노년이 꼭 있다고 한다.

사진교실에는 젊은 여성과 중·노년 남녀가 많기 때문에 젊은 여성은 "이 꽃의 빨간 부분을 가장 돋보이게 찍고 싶었다."라는 등 피사체나 자신의 솔직한 감상을 말하는 반면, 중·노년은 "초점이…" "구도가…" 하면서 설명을 많이 하며, 기술적으로는 뛰어난 사진을 곧잘 찍지만 재미있는 사진은 없다는 것이다.

전두엽은 나이가 듦에 따라 이러한 경향을 띠기 쉽게 변한다. 애초에 아마추어와 프로의 차이가 뭐냐 하면, 종목을 불문하고 아마추어는 자신의 결점을 없애려고 노력하는 반면 프로는 자신의 결점을 무시하면서까지 장점을 살리려고 노력한다는 것이다.

골프에서 프로는 드라이브 비거리는 누구에게도 지지 않는다든가, 퍼터의 정확도에 집념을 불태운다든가 하며 자신의 장점을 더 갈고 닦는 것이다. 그러므로 프로 시합은 보고 있으면 재미있는 반면에 아마추어는 실력이 뛰어나도 사람을 끄는 매력이 적다.

전두엽이 위축되는 연령에 접어들면, 훌륭한 아마추어를 목표로 하기보다 프로 같은 무언가를 목표를 정하는 것이 좋다.

나이 들수록
'결과를 알 수 없는' 취미를 가져라

알고 있는 사람도 많겠지만 와인은 고르기 힘든 술 중 하나다. 라뚜르처럼 대체로 고급인 와인을 살 때에도 빈티지(연도)에 따라 전적으로 달라진다. 지역마다 '좋은 해'와 '나쁜 해'가 알려져 있긴 하지만, 생각처럼 잘 고르긴 힘들다.

나는 1960년생이기 때문에 맛이 안 좋은 해라고 알려진 1960

년산 와인이 가끔 들어온다. 그러면 맛이 없음을 각오하고 마시곤 하는데 의외로 맛이 좋기도 하다. 나쁜 빈티지 와인일수록 마실 만한 시기가 빠르다고 들었지만, 이 또한 학설에 불과하다.

한편 와인을 증류시킨 뒤 나무통에 숙성시킨 꼬냑은 브랜드를 통해 매년 같은 맛을 만들어내는 게 특징이다. 그게 바로 꼬냑 제작 프로의 일이지만, '루이13세' 같은 고가 꼬냑도 몇 번 마시면 매번 같은 맛이기 때문에 금방 질려버리는 면도 있다.

그런데 꼬냑도 같은 포도밭에서만 만들어 브랜딩을 하지 않는 경우도 가끔 있다. 와인을 만들던 사람이 "올해 포도는 꼬냑에 더 어울리니까." 하면서 말이다. 그러면 상당히 건조하거나, 달거나, 전혀 다른 맛의 꼬냑이 탄생해 마시는 이의 입을 즐겁게 한다.

내 말의 취지는 나이를 먹어감에 따라 취미가 '결과를 예측할 수 없는' 것이어야 한다는 것이다. (상식을 벗어나지 않는 한도 내에서) 내가 와인을 취미로 삼고 있는 것도, 실제로 직접 마시기까지 맛을 '읽을 수 없다'는 점이 재미있기 때문이다. 돈을 들이면서도 맛을 예측하기 힘들거나, 간혹 그 반대로 싸도 맛있는 것이 가끔 있다.

와인보다 애호가는 적지만 몰트위스키도 오묘한 맛이 있다. 스카치를 비롯한 위스키는 몇 종류의 몰트위스키 배합으로 만들어진다. 몰트위스키는 위스키 원액이기 때문에 증류소마다 개성의 차이가 크다. 나무통마다 병에 담아 출하하는 싱글 카스크도 있어, 많은 차이를 즐길 수 있다.

몰트위스키의 좋은 점은 한 가게에서 수십 가지부터, 많은 가게에서는 수백 가지의 병이 준비돼 있어 여러 가지를 맛볼 수 있다는 것이다. 와인이라면 시음회나 와인동호회에 가지 않는 이상 한 번에 여러 병을 맛볼 순 없지만, 몰트위스키는 많은 돈을 들이지 않고도 몇 종류든 맛볼 수가 있다.

와인이든 몰트위스키든 미묘한 미각이나 향기의 차이를 즐기는 행위는 전두엽에 상당한 자극을 준다. 지역이나 상표에 따른 특징을 조금씩 기억해 나가는 것도 즐거움이 될 수 있고, 같은 생각을 가진 사람들과의 교류 또한 즐거울 것이다.

일본식 식사라면 생산지에 따른 야채 풍미의 차이를 느낄 수도 있다. 풍미의 미묘한 차이를 느끼는 취미는 '뇌에 좋은 습관'이다.

인간관계는
전두엽에 최고의 자극제

여러 취미나 생활습관에 대해 기술하였지만, 전두엽을 가장 많이 자극하는 것은 역시 인간과의 관계이다.

성별에 관계없이 오늘 만날 사람과 어떤 주제의 대화를 나눌지

미리 생각해보거나, 점심식사 모임을 계획하면서 어떤 음식을 먹을지 고민한다. 이런 계획을 위한 생각은 물론, 인간관계를 원활하게 유지하기 위한 생각에도 전두엽은 큰 활약을 하는 것이다.

또 다른 업종 종사자와의 교류회에서 명함 교환만으로 만족하는 사람이 있는데, 명함 수집자가 되어선 곤란하다. 매월 한 번은 만나 대화를 나눌 수 있는 친구를 늘리는 것이 중요하다.

예를 들면 와인이나 몰트위스키를 같이 마시는 친구를 만들어도 좋다. 기차를 좋아하는 동료를 만들어도 좋다. 마음이 맞는 친구끼리 정기적으로 발표회 같은 자리를 만들어도 좋다. 다시 말해 '얼굴을 안다' '한 번 본 적이 있다' 정도의 사이는 안 된다. 일상적으로 교우관계를 이어가야 한다.

'회사 친구밖에 없다'는 사람은 회사를 그만두는 순간 친구가 한 명도 없게 된다. 중장년 샐러리맨은 회사 이외의 친구를 만들어두지 않으면, 노후에 쓸쓸한 생활을 보낼 수밖에 없으며 전두엽이 늙어갈 뿐이다.

일반적으로 경험을 쌓고 회사에 적응해가면, 자신의 일 이외에는 흥미를 가지기 어렵게 된다. 그렇게 되면 다른 업종에 종사하는 사람은 어떤 습관과 관례가 있는지, 장래 전망이 어떤지, 나아가 경비를 어느 정도 사용하는지 등(쓸데없는 것을 포함하여)에 관해 호기심을 가지고 물어보아야 한다.

더 나아가 중장년이 되면 사내 지위가 높아지고 존경 받는 입장이 되는 경우가 많다. 하지만 문득 정신을 차리고 보면 자기 주변에 친구가 없어지게 된다.

긴 기간 동안 좋은 관계를 유지해온 입사 동기나 동년배 친구는 자신처럼 전두엽이 노화해 고집불통으로 변해 있다. 따라서 사내 이해관계 대립이나 사소한 말다툼이 큰 싸움으로 번지기도 하며, 결국 교제를 끊게 된다.

중·노년이 되면 친구를 늘리기 위해 노력을 기울이는 한편, 뇌의 노화로 인해 인간관계의 변화가 일어나기 쉽다는 사실도 기억해야 한다.

저자 후기

현재 일본은 '지식사회'임과 동시에 '성숙사회'라고 할 수 있다. 이 성숙이라는 말은 착각을 불러일으키기 쉬운데, '성숙'으로 알고 있던 것이 실은 단순한 '노화'에 불과할 수도 있다.

본래 생물학적 의미의 성숙이란 생식을 위한 기능을 갖춘 상태를 의미한다. 심리학계에서 말하는 '인지적 성숙'이란 자신과 다른 생각이나 회색지대를 인정하도록 변하는 것을 의미한다. 흔히 말하는 상향곡선을 그리는 모습을 생각하면 된다.

반면 노화란 여러 가지 기능이 쇠퇴해감을 의미한다.

이 두 단어를 둘러싼 오해는 예를 들면 '자기 주장을 하지 않게 변했다' '깨달은 것 같은 발언이 늘었다'는 중·노년에 대해 종종 '성숙한 어른다운 대처다' '노련하다'는 등의 평가를 하는 경우도 있다는 것이다.

과연 그런 태도가 '인지적 성숙'인지, '노화'인지를 제대로 식별할 필요가 있다. 때때로 양자의 미묘한 차이는 '단정 짓는 생각을 하느냐, 그렇지 않느냐'에 따라 식별된다.

예를 들면 아이다 미쓰오씨의 '행복은 언제나 자신의 마음이 정한다' 같은, 인생의 깨달음을 얻은 듯한 말도 그것이 '단정 짓는 생각'에 불과하다면 생각이 노화한 것이다.

그 밖에도 성숙함으로 많이 오해하는 것이 실은 노화에 불과한 경우가 많다. 나는 이러한 사실에도 경종을 울리고 싶었다.

생각이 노화하는 최대 요인은 바로 이 책을 통해 일관되게 언급한 '전두엽의 노화'이다. 말할 필요도 없이 21세기는 전두엽이 젊은 사람들이 주인공인 시대이다.

지식사회의 발달에 따라 '지금까지 세상에 없던 새로운 물건과 서비스'가 거의 유일한 성장산업이 된 지금, 구시대적으로 '시키는 일만을 열심히 하면 된다'는 생각법을 가진 인간은 비즈니스 사회에서 점점 도태될 수밖에 없다.

더욱 안타까운 것은 전두엽을 거의 사용하지 않는 사람일수록 자기 주변의 변화를 깨닫지 못한다는 점이다. 게다가 스스로를 변화시키지도 못한다.

하지만 그것 역시 생각이 완전히 노화하지 않았다면 수습이 가능하다. 생활 습관이나 생각 습관을 변화시킴으로써, 자기 혁명도 생각의 노화 방지도 가능하게 된다.

비즈니스 사회에서 살아남기 위해 외모와 신체의 노화 예방에 힘 쏟는 것 이상으로 생각의 노화 예방에도 힘을 쏟기 바란다.

생각의 노화를 멈춰라
생각이 젊어지는 생각 습관

초판 1쇄 인쇄 2013년 3월 11일
초판 1쇄 발행 2013년 3월 12일

지은이   와다 히데키
옮긴이   하현성

발행인   김창기
편집 · 교정   김영빈
디자인   Dream&Vision Group

펴낸 곳   행복포럼
신고번호   제25100-2007-25호
주소   서울 광진구 구의3동 199-23
            현대13차 폴라트리움 215호
전화   02-2201-2350
팩스   02-2201-2326
이메일   somt2401@naver.com

인쇄   평화당인쇄(주)

ISBN   979-11-85004-00-6 13190

값은 뒤표지에 있습니다.
잘못된 책은 바꾸어 드립니다.

이 도서의 국립중앙도서관 출판시도서목록(CIP)은 서지정보유통지원시스템 홈페이지(http://seoji.nl.go.kr)와 국가자료공동목록시스템(http://www.nl.go.kr/kolisnet)에서 이용하실 수 있습니다.(CIP제어번호: CIP2013001285)